AMERICAN HISTORY

WORD SEARCH

LARGE PRINT

Famous Puzzles

Other books you might like

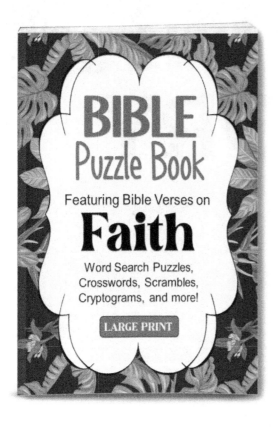

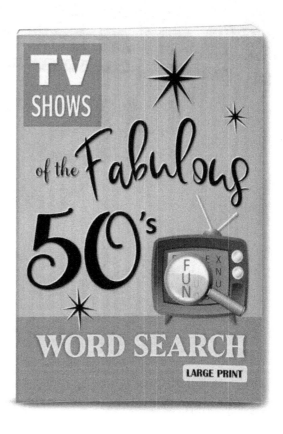

Table of Contents

1974 Whiskey Rebellion 5

1940's Slang 6

80's Music Stars............................. 7

1950's Family Life 8

1990's Gadgets.............................. 9

Abolitionist Movement 10

African Americans in the Civil War ... 11

Amelia Earhart............................ 12

American Imperialism 13

American Revolution 14

Anti-Federalists 15

Assassination of JFK...................... 16

Assassination of MLK..................... 17

Black Sox Scandal 18

Brown vs. Board of Education 19

California Gold Rush 20

Child Labor 21

Civil Rights Movement 22

Civil War 23

Cold War.................................... 24

Cotton Gin 25

Dust Bowl of the 1930's 26

Ellis Island................................. 27

Federalists 28

Galveston Hurricane of the 1900's..29

Harlem Renaissance 30

Haymarket Riot 31

History of American Fashion 32

History of the U.S. Flag................. 33

Indian Removal Act 34

Influential Men in U.S. History 35

Influential Women in U.S. History...36

Inventors and Inventions............... 37

Korean War 38

Life in the 1960's 39

Life in the 1970's 40

Lincoln Assassination.................... 41

Lindbergh Kidnapping 42

Lost Colony of Roanoke................. 43

Manhattan Project 44

Table of Contents

Manifest Destiny 45

Marilyn Monroe 46

McCarthyism 47

Mexican War 48

MKUltra 49

Most Influential Presidents 50

Native Americans 51

New Deal 52

Oregon Trail.................................53

Patriotic Symbols.........................54

Pearl Harbor 55

Prohibition...................................56

Pullman Strike 57

Sacco Vanzetti Case......................58

Salem Witch Trials........................59

September 11, 2001 60

Slavery...61

Spanish American War 62

The Automobile............................63

The Clinton Years 64

The Gilded Age 65

The Great Chicago Fire 66

The Great Depression....................67

The Roaring 20's...........................68

The Space Race.............................69

The Thirties..................................70

Transcontinental Railroad 71

Tuskegee Airmen...........................72

U.S. Constitution 73

Underground Railroad....................74

Vietnam War 75

Watergate 76

Women in Colonial America............77

Women in the Civil War 78

Women's Rights 79

Women's Suffrage........................80

World War I 81

World War II.................................82

Yellow Journalism 83

Zoot Suit Riots 84

Answer Key...................................85

1794 Whiskey Rebellion

```
J P Z E P G I K C Q R O B A R J
U O R Q D W P N I N E C E N T S
N A H O I Y W F N G P R D Q T N
P D W N T W H I S K E Y T A X U
A S I X C E N T S U A V J T L W
I N E B V O S V B E L L O Y H I
D P V Y I B N T U R E I P E T P
T I C K F G X N S N D G J K T I
A S M A L L P R O D U C E R S T
X M D X B J M C G R S P R M F T
E O A W L U O C C B G I L S T S
S R O B E R T J O H N S O N L B
W X B E N J A M I N W E L L S U
T H O M A S J E F F E R S O N R
B O W E R H I L L N A S X X V G
G O V E R N M E N T D E B T I H
```

WHISKEY TAX
SMALL PRODUCERS
PROTESTS
NINE CENTS
UNPAID TAXES
ROBERT JOHNSON
BENJAMIN WELLS
JOHN CONNOR

BOWER HILL
PITTSBURGH
REPEALED
THOMAS JEFFERSON
MOBS
GOVERNMENT DEBT
SIX CENTS

Solution on Page 85

1940's Slang

```
L O M P X G T Z M B V K X W G B
J C O O V G A O R P F J L L U V
P M J V X G R A N D S T A N D W
S N I R A I B C O L D F I S H L
D D T I K U E S W I G G E R N C
Y Z T N H T I N H Y S G A V K U
O V E R D R E A M B O A T I G T
L U R Y E X I P P A E S J J R A
G O B B L E D Y G O O K L R X R
Q B U Q F V R O D M W W F V A A
A H G Z W R E U R I K G P Q K G
C N P Q Y P G R E E N B A C K S
E B V I Y U M C E D L T R L I B
D U H O L Y M A C K E R E L Z X
G E E Z E R T P N R M T J N J L
W H I S T L I N G D I X I E A V
```

ACE	GREENBACKS
DREAMBOAT	SWIGGER
GEEZER	RHUBARB
CUT A RAG	SNAP YOUR CAP
HOLY MACKEREL	GRANDSTAND
MOXIE	JITTERBUG
GOBBLEDYGOOK	COLD FISH
WHISTLING DIXIE	

Solution on Page 85

80's Music Stars

```
J A N E T J A C K S O N F I D S
I V R F E N L X U F J Y E Y E W
B P N M N N K M J H N C H S M H
O X R O X P C L H L I L O A I I
I D D I O Y Y W E L K R D C C T
Z A W Z N F N O O G N G E D H N
M G P Y Y C J P E S F J F C A E
O V A P A Y E G N T I O L J E Y
L M T A L H U U J N D O E P L H
D K Q L T K G C E Z B I P R J O
P H I L C O L L I N S H P R A U
E B H M E T A L L I C A A C C S
C U H N I H X Q Q R H Q R U K T
A M F L N G V J O C Y X D L S O
Y Q Y A I R O N M A I D E N O N
Y C V P U B L I C E N E M Y N A
```

MICHAEL JACKSON	GUNS N ROSES
PRINCE	DEF LEPPARD
MADONNA	JANET JACKSON
VAN HALEN	WHITNEY HOUSTON
PUBLIC ENEMY	METALLICA
BILLY JOEL	ACDC
THE POLICE	IRON MAIDEN
PHIL COLLINS	

Solution on Page 85

1950's Family Life

```
H L O W D I V O R C E R A T E C
F O Q Y L Q I T I Z H W Y J E A
Y F M Z Y W Y R S Z V Z R G P P
S B R E A D W I N N E R E Z B I
R E M R M X N F T H H L M O A T
W X M F U A Z H F E L K F N B A
G D N G Y F K V Z O E U A P Y L
T R U V F A V E C S X N S L B I
H B U G U A Z K R J I U M D O S
T E L E V I S I O N Y I E O O M
Q N U C L E A R F A M I L Y M O
S U N D A Y S C H O O L Z M I S
Y O U N G M A R R I A G E S N G
D R I V E I N D I N E R S D U K
G E N D E R R O L E S Z U G J R
E C O N O M I C B O O M H V U W
```

NUCLEAR FAMILY
LOW DIVORCE RATE
SUNDAY SCHOOL
GENDER ROLES
BREADWINNER
HOMEMAKER
YOUNG MARRIAGE

COLLEGE
TEEN MOMS
BABY BOOM
TELEVISION
DRIVE IN DINERS
CAPITALISM
ECONOMIC BOOM

Solution on Page 85

1990's Gadgets

```
S E C G K F T L N I N T E N D O
T E W K N Z I A S O N Y A I B O
A H G K I C I P M L Y Q V U P T
L B W A L K M A N A L U X N H L
K I M Q D N D N T G J A R H S
B M C E B R J V U R Z O J K K M
O N A P P L E Q U I C K T A K E
Y I U R Y W G A N A V T U C Y U
C R O P E M X G M Z G T O R H M
U I G A M E B O Y C C G D R Z I
F Z S C U B E M G K A G L B S Y
P L A Y S T A T I O N S Z K T A
S E G A G E N E S I S G T X P K
N O K I A C E L L P H O N E S B
G E O R G E F O R E M A N H I A
A P P L E M E S S A G E P A D K
```

GAME BOY
SEGA DREAMCAST
NOKIA CELLPHONES
NINTENDO
TAMAGOTCHI
WALKMAN
YAK BAK

APPLE MESSAGEPAD
TALKBOY
APPLE QUICKTAKE
GEORGE FOREMAN
PLAYSTATION
SONY AIBO
SEGA GENESIS

Solution on Page 85

Abolitionist Movement

```
S S Q W I P N R M Z P K G H N A
I Y I G J H A S Y K L R Y A O N
S H I L H W J C T E P R E R R T
E U H P L F C H C S F O L R T I
M U S I N E W Y O R K A F I H S
A E V A E I U Y V Y U Z R E E L
N I S F N R G V C Q H B E T R A
C S O C Z B A D E G C X E T N V
I V F R A R A D U A R E D U S E
P E K V R P E N I F C D O B T R
A Z O N L T E L T C C O M M A Y
T X U P A W G X Q H A D D A T W
I Q I E S O R D E V O T G N E U
O A R V Z K B Y O P L N E Q S U
N C Q U H I W B X T U O Y B H Z
M A S S A C H U S E T T S B X K
```

EMANCIPATION

ESCAPE

ERADICATE

ANTISLAVERY

NORTHERN STATES

CREATED EQUAL

NEW YORK

MASSACHUSETTS

SUSAN B ANTHONY

HARRIET TUBMAN

CIVIL WAR

FREEDOM

Solution on Page 85

African Americans in the Civil War

```
M R D E E X V U S R S Z C M S S
I J M T D V X E E H A I O A O E
L B B L A S S E T P K D R S U G
I L U X G R T I N U W E P S T R
T J A B U N M S H E E H S A H E
I K V N U S W U P S T W D C C G
A K B L K G M J S I L I A H A A
A Y O C A L B E M B E T F U R T
C V A B T D N X N L O S R S O E
T L P J C N U P V B Q G I E L D
B P G Z E T Z B E C I O Q T I U
V F V T V X Y O G L O F U T N N
U N I O N A R M Y Q S O E S A I
N A T H A N I A L B A N K S Y T
L A B O R P O S I T I O N S G S
D I S C R I M I N A T I O N I H
```

LABOR POSITIONS

MILITIA ACT

VOLUNTEER

MASSACHUSETTS

TENNESSEE

SOUTH CAROLINA

CORPS D AFRIQUE

NATHANIAL BANKS

DISCRIMINATION

SEGREGATED UNITS

UNION ARMY

BLACKSMITHS

COOKS

NURSES

SPIES

Solution on Page 85

Amelia Earhart

```
N P G K W O R L D F L I G H T D
E B E P A D V E N T U R E N H I
W O O H V N X K T F I N A O E S
G H R O L V S K W O S E N K N A
U I G W V X X A Y P C E H M I P
I T E L M A Q K S O E O O O N P
N V P A C I F I C O C E A N E E
E V U N T C T I P E Y S A D T A
A A T D D O T R S U A G F R Y R
Q X N I I N M F M T O A N Q N A
A R A S A W I B Z X R H P F I N
T Z M L F P B G O I C U G P N C
E Y T A X Y R N Q Y P Z B E E E
L A B N H A L L O F F A M E S Z
L E V D S O L O F L I G H T S R
A V I A T I O N P I O N E E R U
```

DISAPPEARANCE
AVIATION PIONEER
ATLANTIC OCEAN
THE NINETY NINES
PACIFIC OCEAN
HOWLAND ISLAND
NEW GUINEA

KANSAS
ADVENTURE
TOMBOY
GEORGE PUTNAM
SOLO FLIGHTS
WORLD FLIGHT
HALL OF FAME

Solution on Page 85

American Imperialism

```
T K M T J D O S D P L M X T H N
W N A E O G P E E T F I E W W I
J A N D P F U W L H K L R X I P
P G I D E T L A O E B I D A F U
I E F Y N N R R M R Z T W N O E
G L E R D C E D E O T A K N R R
G P S O O D Q S L U H R J E E T
E S T O O C B F E G R Y N X I O
U R D S R X J O T H T C L N G R
I V E E P Z V L T R Q O Y J N I
I W S V O P Z L E I T N U R P C
Q Q T E L Z U Y R D N T H F O O
P H I L I P P I N E S R C A L J
Z M N T C V J V T R Q O N A I O
W X Y K Y K Z E H S A L I D C C
C H I N A I X V E C U B A B Y Y
```

HAWAII	THE ROUGH RIDERS
PHILIPPINES	ANNEX
CUBA	DE LOME LETTER
GUAM	OPEN DOOR POLICY
CHINA	SEWARDS FOLLY
PUERTO RICO	TEDDY ROOSEVELT
MILITARY CONTROL	FOREIGN POLICY
MANIFEST DESTINY	

Solution on Page 85

American Revolution

```
T C K W D G L C Q G B J K Y E B
O O M F P I F O H Y A W T G B R
W N V K O N Y N I W V R R P O I
N S V S L V M T X T A O E A S T
S T P T R N B I M P E W A T T I
H I K A U K N N A G C I T R O S
E T K M R T W E G C U Q Y I N H
N U S P X L T N S F H W O O M C
D T J A E N I T X O U L F T A R
A I Q C O K N A X P L X P S S O
C O U T D U C L M Q C L A W S W
T N S L E N P A A E T A R U A N
S O D P E N J R Q S N H I Z C V
B Z Z X O K V M I Y H T S Q R V
P H Q U L K E Y R I N B K W E K
I K X L O Y A L I S T S O E L N
```

BRITISH CROWN

STAMP ACT

TOWNSHEND ACTS

BOSTON MASSACRE

PARLIAMENT

BOSTON TEA PARTY

PATRIOTS

LOYALISTS

CONTINENTAL ARMY

KING GEORGE

TREATY OF PARIS

CONSTITUTION

Solution on Page 86

Anti-Federalists

```
R S E A Y G Z P K Y E F S K T H
O H M W L M E R K J S R C C D C
B J I A X I O O C P E S A L H F
E M R M L Y E J R R Y N Y A S Z
R A S K W L E N O G O P Q G A D
T S L E T B F B A I E S Z Y R J
Y S N Z X T A A T C B M B J H E
A A Q Z O L Y I R X T I A X M S
T C J A S Y D N T M B X Z S E Y
E H K P F E S U A Y E B G Q O Y
S U J C S A M U E L B R Y A N N
A S L A N D O W N E R S S Z R S
G E O R G E C L I N T O N C G C
W T S H O P K E E P E R S O A P
X T B I L L O F R I G H T S Z K
M S J A M E S W I N T H R O P E
```

BILL OF RIGHTS	SAMUEL BRYAN
SMALL FARMERS	MASSACHUSETTS
LANDOWNERS	NEW YORK
SHOPKEEPERS	ALIEN ACT
LABORERS	SEDITION ACT
ROBERT YATES	GEORGE MASON
GEORGE CLINTON	JAMES WINTHROP

Solution on Page 86

Assassination of JFK

```
I F G E S R D S T Y G S L Z Z G
N O T O S I O M V S E U U P F X
S G J J V T O D Y I L C N D Q S
I R W F I E M X C R M F X M J C
D A J I M K R A D G N X D M A E
E S Q Y U I R N D A L L A S C N
J S T Y E I E U M N X D Y K B
O Y W C P F E A Z E Y B H J R I
B K U S Z B L H D E N A R N U Z
Q N N M C L E A Y K Z T S Y B M
S O T J E F C G K K O A B Y E
C L K R W R T M O B H I T G P Z
I L B S O J I M M Y H O F F A R
A M U T U A O X M L Z X R F G Z
U O O R G A N I Z E D C R I M E
P M D E A L E Y P L A Z A Q Y P
```

DALLAS	GRASSY KNOLL
MOTORCADE	UMBRELLA MAN
DEALEY PLAZA	MOB HIT
RE ELECTION	GOVERNMENT
CONSPIRACIES	INSIDE JOB
GUNMAN	ORGANIZED CRIME
JACK RUBY	JIMMY HOFFA

Solution on Page 86

Assassination of MLK

```
L I P Z S D J G D C V D D S K G
K B J M J E A J H I Y T V T G G
U S M O H A M E M P H I S J G O
M M A P L T E S P H U X B O D V
M A F I A H S G C K L H I S J E
G V E N T T E N S A E K N E P R
T S Y O Q H A O O X P Q X P G N
U Q U S M R R I E B N E I H N M
Y L L Q B E L K T M U I G S P E
C V V N B A R Y M M S V N O L N
R K E D L T A F K V H J Z F A T
I B Z H F S Y U M C Z D I U L T
C O N S P I R A C Y W R O Q S U
Y J E S S E J A C K S O N Q N W
L O Y D J O W E R S R J R U W N
L O R R A I N E M O T E L I A L
```

LORRAINE MOTEL
ST JOSEPHS
JAMES EARL RAY
CONSPIRACY
MAFIA
GOVERNMENT
LOYD JOWERS

SCAPEGOAT
DEATH THREATS
MEMPHIS
BEN BRANCH
JESSE JACKSON
RIFLE

Solution on Page 86

Black Sox Scandal

```
C C H B L W U A L V B C D F N E
I L A C U Q O D C D M F P O P L
N D P H N C X R Q Q B X S J I N
C L P A D B K W L S U K M D O K
I Q Y R E E K W M D C I N V Q M
N N F L R N T M E A S A T X Z D
N Y E E P Q Q R J A G E D T A K
A K L S A J B E N K V K R Y E J
T Z S C I F O K C T P E B I A D
I Z C O D J T I Z K Y C R Q E K
R X H M P A H J J N K G B I O S
E D D I E C I C O T T E A F U J
D Y L S F R E D M C M U L L I N
S R D K S W E D E R I S B E R G
N H I E G A M B L I N G T I Y C
Z X Q Y H E X T A M M N A P W O
```

CINCINNATI REDS
CHARLES COMISKEY
UNDERPAID
CHICK GANDIL
BUCK WEAVER
HAPPY FELSCH
SWEDE RISBERG

FRED MCMULLIN
EDDIE CICOTTE
JOE JACKSON
WORLD SERIES
GAMBLING
ACQUITTED

Brown vs. Board of Education

```
N B V K M J E N F R C G O O E R
T A L A N D M A R K I R N S A A
K O A E D A S Z G O V O H N R C
Z O P C M F O W R H I G W M L E
T R L E P R U W M T L O L Z W R
H H X I K X T B A H R R I O A E
N E Z M V A H G B B I L T J R L
J Q P D U E E V A Y G H T M R A
M F Y F N R R D W X H V L G E T
L W W C G C N B E H T P E L N I
Y B X E F I S F R V S C R K A O
B S S R L E T J Z O K K O V I N
L E B Q G E A F Q O W N C G O S
D L W E K Z T G P H A N K D C C
W W C P G M E L A W S U I T W S
S I Y D J I S U T Z O G P E M P
```

DESEGREGATION

LINDA BROWN

NAACP

EARL WARREN

LITTLE ROCK

CIVIL RIGHTS

LANDMARK

TOPEKA

OLIVER BROWN

LAWSUIT

RACE RELATIONS

SOUTHERN STATES

Solution on Page 86

California Gold Rush

```
L D C F D K Z N A F R F J C B S
Z L A H G W W U R D K I F A K T
G B L O X O B W G V V W J L S E
N J I P T Y K M O B G M E I A A
M O F M Y Q R V N I H S V F M M
X X O Y A W D P A M Y J V O U S
K O R M R M C R U I M H L R E H
B C N D V A M X T R C O X N L I
F F I N O D I B S M C P K I B P
O B A G P X N O I D J C C A R S
H D T P R A I L R O A D S D A E
A V R K T T N B Y C E A R R N H
T W A H H L G N F W R C G E N F
K N I V S R V P I V T Q B A A M
G I L A R I V E R N S S H M N T
G O L D N U G G E T G O M M W F
```

COLOMA
CALIFORNIA TRAIL
GILA RIVER
BOOMTOWN
PANNING
MINING

STEAMSHIPS
RAILROADS
SAMUEL BRANNAN
CALIFORNIA DREAM
GOLD NUGGET
ARGONAUTS

Solution on Page 86

Child Labor

```
E U S X D O H N H Q T B O H G N
X N O Z B A Q A C D C E U H A B
Y C E G B T G C R L J M T S R M
P O V E R T Y J E A C G O J M X
R N B W R I N T F A S P C A E E
F S S Y N X R K O L W S A E N D
O T L W K A P Z R U E L M Y T U
R I A A E D V N M N S S E E S C
C T V T B A U F I M E S L K N A
E U E K P Q T H N G A D L G E T
D T R V O C S S A I B N A B E I
L I Y I I I R W H G K T T H K O
A O X N W X W G W O T S E F R N
B N A E L O P U M O P W O O H D
O A L M L O R P H A N B L N M F
R L S X L W U M A R H F I Q N G
```

SWEATSHOP

GARMENTS

POVERTY

ORPHAN

SLAVERY

FORCED LABOR

HARASSMENT

LOW WAGES

REFORM

EDUCATION

UNCONSTITUTIONAL

CAMELLA TEOLI

LEWIS HINE

NCLC

Civil Rights Movement

```
V W W P M S B S J N S E S R D D
L M J W V T T D A W T R E O I R
B E A G H T K L A A E M B S S E
B X Y L O H K L G D M G M A C D
D P S C C X W E I U D Z T P R S
G H Y J U O R R S P M I E A I C
S O E L R G M M Z Q E L L R M O
B O K C E O O X G E W X Y K I T
J U M S D D I G Y X P I A S N T
K I E E E M A R C H E S P M A C
J D E E R I K D O M T L R X T A
D R R N O N V I O L E N C E I S
F F S E G R E G A T I O N R O E
L I T T L E R O C K N I N E N X
E Q U A L R I G H T S C G T W V
X W K V F B J Y A L R X Z D D R
```

SEGREGATION

DISCRIMINATION

EQUAL RIGHTS

DESEGREGATE

BOYCOTTS

ROSA PARKS

JIM CROW LAWS

LITTLE ROCK NINE

KU KLUX KLAN

NONVIOLENCE

MARCHES

FREEDOM SUMMER

DRED SCOTT CASE

FREEDOM RIDERS

MALCOM X

Solution on Page 86

Civil War

```
F D G S S P C B P F A B J B G N
O O I S A G R I L N B H Y L E O
K J R V I V L D U S R C U E T R
U W O T I Q O F N U A F L E T T
W F M X S D D K L R H F Y D Y H
U N I O N U E A E C A L S I S V
M P B L S Z M D N P M X S N B S
W H L I I V E T I N L S E G U S
Z N N M L F M F E A I K S K R O
G Y X Q N K A J G R N E S A G U
V S T O N E W A L L C C G N Y T
O S C X W I P T E O O I R S B H
Y M A P X Z D P F R L O A A G Q
R O B E R T E L E E N A N S G W
K Z C Q N K U L U Q Q C T W M W
V Y W Y D K L L G B G X G Z L H
```

NORTH VS SOUTH

ABRAHAM LINCOLN

UNION

STONEWALL

BLEEDING KANSAS

FORT SUMTER

CONFEDERACY

ROBERT E LEE

GETTYSBURG

DIVIDED

ULYSSES S GRANT

Cold War

```
W W U N I T E D N A T I O N S U
E M A C C H Q P X L B G B M O S
K B E R L I N W A L L E R A V S
V F F V S A L T C J O J I D I R
U H K I L A Y B T T C C N U E T
V P R O X Y W A R E K O K C T I
Y O N K Y L R P V Z A M M K U A
T D C H K F H R A X D M A A N C
L C W A R M S R A C E U N N I B
K I M I I S U N G T T N S D O R
I O V E S K I B G H S I H C N V
W Q R N U H R F J R R S I O N M
B X B X W R L R H C D M P V A V
M A R S H A L L P L A N H E I V
A B D N L U G L X H P J N R H R
N A T O W H R Q N G E J P G E P
```

ARMS RACE

COMMUNISM

USSR

NATO

WARSAW PACT

UNITED NATIONS

KIM II SUNG

BRINKMANSHIP

CIA

DUCK AND COVER

BERLIN WALL

SOVIET UNION

MARSHALL PLAN

BLOCKADE

SALT

PROXY WAR

Solution on Page 87

Cotton Gin

```
S S P C N X C Z Q D Y Z O B C C
O W L E L I W H I T N E Y L O K
U X A A S O J S O W K D U G Q Y
T P N F V A T C Z I H T J Y L L
H A T U O E I H C I V I L W A R
L K A Z F L R E I L G N X M Y G
O S T C A U H Y S N Z E I T O B
U U I C C C Q Z L R G O D K Z D
P C O E F I F T Y P O U N D S R
F O N E S M C C A R T H Y B H N
A B S S B G D D T A P F R W Y K
E C O N O M I C B E N E F I T J
J C A T H A R I N E G R E E N E
C O T T O N S E E D O I L E X Y
B H R L H C Q R P V M H M B B T
T E X T I L E I N D U S T R Y C
```

CLOTHING	ECONOMIC BENEFIT
CALICO	SOUTH
COTTONSEED OIL	PLANTATIONS
ELI WHITNEY	TEXTILE INDUSTRY
SLAVERY	CIVIL WAR
CATHARINE GREENE	FONES MCCARTHY
FIFTY POUNDS	

Dust Bowl of the 1930s

```
A L V I L G K N T N M G Z S O S
K N U N A X R R D Y T V T V E P
C S D T W K I A A G N R Y Q T E
P Z K T S D M T Y O I M J N B C
I I R W K O T Z I D D N E H A U
F B H C P Z D S D J I I S O N L
J U A P V Z O E L Q C R T O K A
X L U T E R R A C I N G T V R T
B C G F E R E G F M N W L E U I
V P Z W G M A F X J A A H R P O
K Z D D R O U G H T Y W N S T N
J W A D Q S Z X H X H O W V C B
C M G Y F W U U A T O M L I Y T
K X T L V V G N R G K Y E L A K
S Y E A Z J F M D B I X O L A M
C S J E D Y W K Y H S S F E B B
```

DROUGHT
TERRACING
SPECULATION
BANKRUPTCY
HOOVERSVILLE
RED DIRT

BLACK DIRT
GRAY DIRT
HARDY
EROSION
SELF SUFFICIENT

Solution on Page 87

Ellis Island

```
J E W I S H P E O P L E E Q O A
P N E W J E R S E Y B N F E P Q
E Y H U D S O N R I V E R W A R
R W V U E H E X T J A W D N Q N
S U R K T I W A K I G Y M W V F
E C T P A P Q E V N D O D H O A
C T L S I S W Z A O V R O U N M
U V N W N M K Y D R Y K D R X I
T X C T E D T B E E G A O W W N
I A G B D U J Z O F X K G M S E
O R I A O X D G G U J Z L E K Q
N Q R P C I M M I G R A T I O N
X V O Z Y Q U H N E W W O R L D
U R A Z P G G K F E L K C F E B
D R O U G H T Z I S M W O V K D
R K L Z O X I N S P E C T I O N
```

IMMIGRATION	NEW WORLD
HUDSON RIVER	SEA VOYAGE
REFUGEES	NEW YORK
JEWISH PEOPLE	NEW JERSEY
WAR	SHIPS
DROUGHT	INSPECTION
FAMINE	DETAINED
PERSECUTION	

Solution on Page 87

Federalists

```
N M D N T Q O L F S P A J Q R R
J O H N A D A M S O F Q A A E K
E E R N V H Q R R U L J M K P E
Y C C T T H L I R T P G E E U R
T O E A H N H E E H L Y S T B C
J N N R E C I E S C W N M V L Z
A O T I F F A M L A Y V A I I M
Y M R F E B K R F R J M D R C X
T I A F D E S Y O O B J I G A Y
R C L S E L J Q R L F O S I N Q
E G B Y R C F T Y I I H O N P J
A R A S A B F M C N T N N I A L
T O N T L C F E H A J J A A R E
Y W K E I N A T I O N A L I T Y
S T D M S C U S N T A Y D G Y G
G H N X T H A V J T B O R I Z X
```

THE FEDERALIST   JOHN ADAMS

CENTRAL BANK   JAMES MADISON

TARIFF SYSTEM   JOHN JAY

JAY TREATY   VIRGINIA

NATIONALITY   NORTH CAROLINA

ECONOMIC GROWTH   SOUTH CAROLINA

REPUBLICAN PARTY

Galveston Hurricane of the 1900's

```
D T O L V F X G C S M B P R U L
U E M O H M M X W U M T L A L G
W X A F L O R I D A B Q H A W U
V A G D A C D Z F X D A W H I L
C S R I L Y O W X E I A U O L F
T O J M Q I O L N H E N Y M L O
C S N S F C E R L S H X U E I F
D P U C A R E S V A O Q E L S M
K M L X E C O Q T M P G X E M E
L N R J N R D N R E A S M S O X
V F D O M S N E T M C O E S O I
X V C B L T S D A W C T E N R C
I N X F Q Q B D A Q F B S E E O
U T I D E E G P Q U P W I S W L
C A T E G O R Y F O U R I S X N
W E A T H E R B U R E A U C O B
```

DEADLIEST
TEXAS
HOMELESSNESS
DAMAGE
GULF OF MEXICO
SEAWALL
WEATHER BUREAU
CUBA

WILLIS MOORE
FLORIDA
UNCONCERNED
CATEGORY FOUR
WARM FRONT
COLLAPSE
TIDE
CONCERN

Solution on Page 87

Harlem Renaissance

```
G Q Q H X G V N B H Q Y L O Z N
R P D K C O T T O N C L U B A L
E H E B Y D T X I T S N U T V W
A A A H V S N H J N C I T W J D
T R R R B T Q C E T U A M M P A
M L C E T R O U W S H S E I X O
I E J B R O E Z V N A K B B W H
G M H A I M N A A I V V O Y G B
R S E V U B U M D G T M O V Y Z
A H Y U T O Q S J L C Y K Y K K
T A S S U N D F I H D W K J U Y
I D I H W E W K W C O U R P G Y
O O H J G S P W Q X S Q B O V Q
N W P O P U L A T I O N B O O M
M S L I T E R A T U R E D A I Z
A F R I C A N A M E R I C A N S
```

AFRICAN AMERICAN
LITERATURE
MUSIC
ART
GREAT MIGRATION
MANHATTAN

POPULATION BOOM
HARLEM SHADOWS
GODS TROMBONES
DU BOIS
COTTON CLUB
THE SAVOY

Solution on Page 87

Haymarket Riot

```
M M K O K K R J G C H D S B G S
G O I S H J E Z D Z E N X N L A
S E Z C D K K F P J O S U X A M
E K O A H X P V C S S T D E B U
T U Q R J A Z U R U I R U N O E
B Z P N G F E A Y E Y I I O R L
A A D E E E P L Z F C K B P P F
C D S E I T E R S Z A E F H R I
K B A B R V E N F C S S H O O E
Z W D E O T O P G D H F K B T L
D Z B N I F M G H E I W H I E D
S L K E S A P K M Q L J A A S E
A U B M A R T Y R S T T Y B T N
U R A U G U S T S P I E S X X Y
A B O M B L O U I S L I N G G C
A D O L P H F I S C H E R E M O
```

LABOR PROTEST	SAMUEL FIELDEN
BOMB	GEORGE ENGEL
SETBACK	ADOLPH FISCHER
MARTYRS	MICHAEL SCHWAB
STRIKES	LOUIS LINGG
AUGUST SPIES	OSCAR NEEBE
ARBEITER ZEITUNG	XENOPHOBIA
ALBERT PARSONS	

Solution on Page 87

History of American Fashion

```
F C O R D U R O Y A S P A P S K
S I R N T W S E X I U O S A Z N
J K T T F Q O T B A N C C R A I
U Z C T A R M K T Z D K O A D T
J H O Z E D S A U H R E T C B T
Z I C Q W D I L R I E T S H E E
R G O C U Y D R T T S W N U L D
M H C X L U I R L U S A Z T L S
X W H T R W G M E T E T B E B W
O A A I V Q J M N S S C G P O E
P I N S T R I P E S S H A A T A
R S E L Q S J R C F B E Z N T T
S T L W M F Y F K V Y S S T O E
A E G R A P H I C T E E S S M R
J D P L A T F O R M S H O E S S
F L A P P E R D R E S S E S G Y
```

FLAPPER DRESSES
PINSTRIPES
POCKET WATCHES
FITTED DRESSES
KNITTED SWEATERS
COCO CHANEL
SUNDRESSES
TURTLENECK

HIGH WAISTED
ASCOTS
BELL BOTTOMS
GRAPHIC TEES
PLATFORM SHOES
PARACHUTE PANTS
CORDUROY

Solution on Page 88

History of the U.S. Flag

```
G Z I M B F Z F O T N C J J Z K
Q T H L F L C X D H H X U U G C
V X A I F E U P R I P U R I T Y
A S R X E B Q E F R E W Y N C P
L U D T Q A E R I T I S P N W E
O I I Q H C N S F E S E I O M H
R H N Z I C E E T E E O R C Y X
W H E T F G I V N N X R E Q B
I Z S W A N D E S S H M D N N G
E U S R E X B R T T O T H C B R
J A U J F Q C A A R W O I E H D
S O M K S U X N R I E F D A Q K
C A B W J T S C S P R X J T X D
A E Q W I L K E G E R E D L O F
V I G I L A N C E S Z U R C O K
H S Y T I N D E P E N D E N C E
```

THIRTEEN STRIPES	VIGILANCE
FIFTY STARS	PERSEVERANCE
RED	WHITE
HARDINESS	PURITY
VALOR	INNOCENCE
COURAGE	INDEPENDENCE
BLUE	EISENHOWER
JUSTICE	

Solution on Page 88

Indian Removal Act

```
A N C E S T R A L L A N D S C I
O N D K P Z T D M R W O L T H O
A R D V D S G D Z I C G N K E J
A H O R S E S H O E B E N D R H
Y N F A E C R E E K M O W O O E
Z D C N I W A V W E G R N Y K H
T W E Y L M J A S M M G O Y E Q
J F A A A F T A Z L F I Y M E C
W R W B J C E B C N T A Q J K H
X M A J O P U Q N K V J N A S I
L L Y H P Y U T C C S H J J B C
A O C A M K C Z U W X O T V F K
T R A I L O F T E A R S N N T A
R E M O V A L T R E A T I E S S
X W G S E M I N O L E W A R J A
C H I E F J O H N R O S S R D W
```

ANDREW JACKSON	GEORGIA
HORSE SHOE BEND	APPEASEMENT
CREEK	REMOVAL TREATIES
CHEROKEE	TRAIL OF TEARS
CHICKASAW	CHIEF JOHN ROSS
CHOCTAW	SEMINOLE WAR
ALABAMA	ANCESTRAL LANDS

Solution on Page 88

Influential Men in U.S. History

```
W A L T D I S N E Y E R I F M N
W R Q K R Z M Q P G E D B Z A A
A R I C H A R D A L L E N M M A
L V W G K V D S L D W J R S W A
T K L G H I H E N R Y F O R D S
W M D C H T F Z O D A T T K Y E
H R V X Q E B J L V Q K X H V M
I P U Y K S F R T P T R I J A E
T J A C K I E R O B I N S O N R
M J O Y T H O M A S P A I N E S
A R N W W R C Y J L L A W A Z O
N J A M E S B A L D W I N S J N
D R C H A R L E S D R E W S B Z
R O B E R T A B B O T T K A R H
O W M U H A M M A D A L I L G S
M A R K T W A I N F Q L U K A D
```

MARK TWAIN	JONAS SALK
HENRY FORD	JACKIE ROBINSON
ROCKEFELLER	ROBERT ABBOTT
THOMAS PAINE	MUHAMMAD ALI
WALT WHITMAN	RICHARD ALLEN
WRIGHT BROS	JAMES BALDWIN
WALT DISNEY	DR CHARLES DREW
EMERSON	

Solution on Page 88

Influential Women in U.S. History

```
R S M P M Z N O R G D P A R G Q
E Z M M A F O E F P Y P Q D S I
L V O A R M K R J U W C L G X D
A N Y R Y A M W A S P R W Q M V
U Y G G B Y A I S H M K D W Z
R A P A A A R U H S U A X J S E
A Y L R K A Y F A S B R M O P J
K L M E E N B A G S A Q S A X K
E O F T R G E Q H M Y P T T X Y
L D X M E E T E P Z O Y U N O X
L N P E D L H Y O H R G X B Q N
O W D A D O U G Z A Y W W E U G
G B G D Y U N A M P D U X O K T
G N M A M I E B R A D L E Y L M
D O R O T H E A D I X E D C H L
S H I R L E Y C H I S H O L M A
```

MARGARET MEAD

MARY BAKER EDDY

DOROTHEA DIX

LAURA KELLOGG

MARY TAPE

SHIRLEY CHISHOLM

MARY BETHUNE

ELLA BAKER

MAYA ANGELOU

ZORA HURSTON

MAMIE BRADLEY

Solution on Page 88

Inventors and Inventions

```
I S A A C S I N G E R B I K S A
T E L E P H O N E B M E C O A L
G K V S Q R D Z N A S I O D M E
K E U W X W F R M T M C H A U X
H U O X T E L E G R A P H K E A
T E U R B N F G O A E X B C L N
G M L K G T I C H Q X L M A F D
F U Y I M E C K J D U Z R M B E
O L V Q A M E P O B S X C E M R
A V W X S S C A T L T H Z R O G
O R E U H L H H S D A O P A R B
U Z R N N I G O I T O T Q V S E
J Y R V E I O H W N M P E I E L
C S M T L Z K M N E Z A Y S S L
Y T H O M A S E D I S O N R L G
S E W I N G M A C H I N E K W A
```

LIGHT BULB	ISAAC SINGER
THOMAS EDISON	SEWING MACHINE
TELEGRAPH	CYRUS MCCORMICK
SAMUEL FB MORSE	GEORGE EASTMAN
ALEXANDER G BELL	KODAK CAMERA
TELEPHONE	NIKOLA TESLA
ELIAS HOWE	AC

Solution on Page 88

Korean War

```
T K O U D E C B W P A A A R H F
P J I C O M M U N I S T S E A Z
W A V M X P Z G I F A O O U R Y
R V N I I J I W C I B U N R L
X J Z M S I G G G O G N T I Y A
S M J I U N S N S S O C H F T Z
T R V Z O N A U K B N A K I R W
H Q V J W Y J L N Y V T O C U S
A M M Z G O A O D G V J R A M H
Q I G N J T I O M N S E E T A P
K Z O S E S I O S A D E A I N A
K Y A C A C I X J Q G S H O A M
P W U V J D Z E J U K F S N R M
I R N O M F X F F M E Z Z J Z D
T I C U N I T E D N A T I O N S
T B J G N O R T H K O R E A Q R
```

Solution on Page 88

DMZ	REUNIFICATION
PANMUNJOM	REFUGEE
PYONGYANG	NORTH KOREA
UNITED NATIONS	SOUTH KOREA
KIM II SUNG	COMMUNISTS
KIM JONG II	INVASION
SAIGON	HARRY TRUMAN
TRUCE TALKS	

Life in the 1960's

```
R G E N E R A T I O N G A P T P
O C B V H Q W N V K L O V E H E
C B C I A H E S N R R L T Q E A
K T U E G I E S R F C Z M T O C
A Y Q T N Z R U T Z S R F V U E
N H S N C V E V P U F A W X T R
D H I A I U Z M D W R P H A E C
R S Q M B Q R T N D V X X M R B
O Y T W X M N O Y G J O V Q L I
L T O A G I I R E Q S W V H I V
L V B R R L A O F G C A E M M C
T X H L L T Q I U L W G S D I P
B Z Z E I J R R B U I N C Y T C
Q R B L F X D E J G L G F C S S
W E I K L D Q A K S U Q C E F U
R M C O L O R F U L Y E A R S C
```

REBELLION   COLORFUL YEARS
DRUGS   THE OUTER LIMITS
PEACE   STAR TREK
LOVE   VIETNAM WAR
WAR   MILITARY DRAFT
ROCK AND ROLL   GENERATION GAP

Solution on Page 88

Life in the 1970's

```
S S A N R O K I S S I P G H M M
C W C G E R B E J K N I W I S Q
E G F G E D I S C O U L N M F M
J W B Y T P L C X H Q R O D D Y
U V Q P P D O I P J I T R R R I
E N V I R O N M E N T A L I S M
A Y H S F C D J C O N S T V Z M
R H P T M F E F B X I E P E S G
T D R A E F R L K S P K O I Q A
H G Y R V E L S I R F T L N A N
D J Y W Y E O R A E E A Q M E J
A L L A B Y C C Q A R D E O A N
Y D G R V L G R P E S B H V B M
K U A S I A L E B K G I E I D A
B B G O H B C I F C P Y S E Z R
S P U S R R L T I E D Y E S J F
```

DISCO

SNL

BELL BOTTOMS

STAR WARS

SHAG CARPET

DRIVE IN MOVIES

LIBERALISM

EARTH DAY

ENVIRONMENTALISM

HIPPIES

OIL CRISIS

NIXON

TIE DYE

Solution on Page 88

Lincoln Assassination

```
C A T A F A L Q U E D J Y O B O
C A N W N Z J Y M L G A U T Y T
S E N S T R T Z O I R W Z F B O
X W C B O A P R I V A T E B O X
R D M T R R E J A A U L W O U S
M X C F E H L W I U D S W A N T
H A J P D J Y T T G Q G N V I S
T E R I E D W A R D C U R T I S
W U V Y S P R I N G F I E L D H
F A W A S H I N G T O N D C N E
D J S L G U S G O K P Q E P S Q
F B X U A P R I L F I F T E E N
B L G Z R Q N R Q A Y V C T I G
D A W Y S B M S A F Q W R T Z D
Y U W M F O R D S T H E A T R E
K I D N A P P E R S T E B Y K B
```

FORDS THEATRE
WASHINGTON DC
ACTOR
PRIVATE BOX
APRIL FIFTEEN
EDWARD CURTIS

KIDNAPPERS
CATAFALQUE
SPRINGFIELD
DAVID HEROLD
MARY SURRATT

Lindbergh Kidnapping

K G H E E D H D G N T Q H R E E
T R U C K D R I V E R U H A C L
B M C N K K Q H K W J V L N P A
J A U U L C C N G L O V E S V D
P F B R A X A X V H W T U O B D
G A T Y D L E C W O N R T M O E
N T K R B E E O R E W L S P T R
M R E Y L U R R S S Z U J F R C
P O B R U N O H A U P T M A N N
B A V Q Q M T N E W J E R S E Y
B J S R E A B D U C T E D B W O
I L X N E L U C K Y L I N D Y B
L B N D B A D G R A M M A R L C
C A R P E N T E R R B O P W I J
K H O P E W E L L B O R O U G H
X X J J V Q U C D T F U J X C L

LUCKY LINDY	BRUNO HAUPTMANN
ANNE MORROW	MURDER
LADDER	NEW JERSEY
RANSOM	DEATH SENTENCE
BABY	BABY BLANKET
ABDUCTED	HOPEWELL BOROUGH
TRUCKDRIVER	GLOVES
CARPENTER	BAD GRAMMAR

Solution on Page 89

Lost Colony of Roanoke

```
F E H P B Q H O D L M N J O V G
F I A I N B L E E O Y E B N P Z
M L T J R K N C N S S W S Z Q Z
X Z T O N O D H G T T W K B Z R
Q M E H D V F H L A E O D R E X
E I R N F L Y A I T R R I B P T
L T A W I Y Q O S S Y L P P T P
E B S H R X H R H E E D B C Z L
A J I I S X C E S A G D N T X V
N Q S T T T R E E C A R V I N G
O F L E C R O A T O A N B W R M
R O A N O R D J T D A X C Q J W
D A N A L W F L L M R L Y L N P
A K D X O Q U Z E N N B Q E P N
R L W C N F D A R E S T O N E S
E W F B Y P U R S T X Y K U O F
```

NEW WORLD
FIRST COLONY
ABANDONED
JOHN WHITE
CROATOAN
TREE CARVING

HATTERAS ISLAND
ELEANOR DARE
DARE STONES
MYSTERY
ENGLISH SETTLERS
LOST AT SEA

Manhattan Project

```
O K T L I T T L E B O Y V C S I
F P P T Q N H D H V A V F S S M
I U E J W V R I F B Y P T N R P
S R F R B I K I N I A T O L L L
S A T C A N A D A M I P G O Y O
I N H D L T O H B M A B J P H S
L I P E C Z I Y M E U N H O S I
E U M M P V U O W J U F J A K O
M M A I H F Z R N R P H X R X N
A N U C L E A R N A V Y V L J T
T P W W Q E U F K L L P U L R Y
E H Q F L M W D B Z H S H W X P
R Z H C G U N T Y P E X O N J E
I B U P L U T O N I U M O S R E
A N O P P E N H E I M E R L F M
L U N I T E D K I N G D O M Y O
```

NUCLEAR WEAPONS
FISSILE MATERIAL
GUN TYPE
IMPLOSION TYPE
THIN MAN
PLUTONIUM
LITTLE BOY
URANIUM

UNITED KINGDOM
CANADA
OPERATION ALSOS
BIKINI ATOLL
NUCLEAR NAVY
OPPENHEIMER
LOPO

Solution on Page 89

Manifest Destiny

```
C A P I T A L I S M J H C G W S
M A M O N R O E D O C T R I N E
P O N P M Z Z K K F P H C I N Y
Z A N A U O P K Z K D T A C H L
C A C R D L R C W Q A T Y P Q E
L G S I O I M N Y A N Z O A P W
N I A X F E A C I U K S M R O I
I I E G P I A N O N O Z A M G S
N A E V D R C M B L G W W C U A
K H Z V C W Y O I O L N U M T N
Q J J O X K V H C I R T E F R D
O X M U C O P L V E T D I W Q C
Y E A O F M W I D W A T E K S L
D N R P P K C Q R N W N K R Q A
O R E G O N T E R R I T O R Y R
T H O M A S J E F F E R S O N K
```

CAPITALISM

DEMOCRACY

PHILOSOPHY

ROCKY MOUNTAINS

LEWIS AND CLARK

THOMAS JEFFERSON

MONROE DOCTRINE

PACIFIC OCEAN

MORNING NEWS

OREGON TERRITORY

MONROE

CANADIAN BORDER

CIVIL WAR

Solution on Page 89

Marilyn Monroe

```
M R S E X S Y M B O L L N S P B
O F O X V E X H D S X F E T I L
N R S B Q D J V H N Q C W R N O
K M P E E N Q I S H B H Y E U N
E F D H V R W C O V S F O E P D
Y T M C A E T C V Q O I R T M E
B U I C O N N K M M O I K S O B
U D W X O I A Y E J H P C C D O
S G X S N A C G E N Q C I E E M
I Z V U Q G U P E A N L T N L B
N D C V L A O G L S R E Y E I S
E V Z I O R G V M A Z I D B N H
S G Z N E A O C Z V Y T T Y G E
S L O S A N G E L E S B O C Z L
F O O N Z V R D E B B L O A H L
O V E R D O S E C L Q X J Y L S
```

BLONDE BOMBSHELL
SEX SYMBOL
PIN UP MODELING
MONKEY BUSINESS
NIAGARA
PLAYBOY
STREET SCENE
OVERDOSE

NEW YORK CITY
ROBERT KENNEDY
ICON
LOS ANGELES
SEVEN YEAR ITCH
FOX
ORPHANAGES

Solution on Page 89

McCarthyism

```
J O J R C S O V I E T S P I E S
R E D S C A R E H T H D M W D U
W I Q G S L T N O R E U M A E B
T I F X B P N V L U C K A E F V
Y R T P T M M D L M O B R C A E
D T E C T P S N Y A L T S O M R
W P O A H R F C W N D Z H M A S
M V S H S H K Y O D W G A M T I
Y H W N D O U E O O A S L U I O
N K A J E P N N D C R D L N O N
Y R D V N L A L T T B V P I N P
I F L U A F C F E R U E L S L X
B O I A J E O H N I A M A M W N
A L G E R H I S S N D O N L X M
S O C I A L I S M E F M G A Y V
J O S E P H M C C A R T H Y Z H
```

SUBVERSION
TREASON
COMMUNISM
SOCIALISM
JOSEPH MCCARTHY
RED SCARE
TRUMAN DOCTRINE
MARSHALL PLAN

ALGER HISS
SOVIET SPIES
HOLLYWOOD TEN
WITCH HUNT
THE COLD WAR
HUAC
DEFAMATION

Solution on Page 89

Mexican War

```
L U B U E N A V I S T A N K R J
P A C I F I C O C E A N C A I M
E N G N P E A N N E X A T I O N
Y E L L O W F E V E R Y S T G U
J A M E S K P O L K O E G B R E
E D N F R J P U K Z P X U N A C
E I C P I M O J D Y Q E P Z N E
R Z I H K H H H T L E L V A D S
X P W U P R A O N P J A B E E R
M P Q G F D E K Z S O O O R U I
Z A C H A R Y T A Y L O R A H V
M Z S Q E J J T M C R I E T Q E
O O Z T E A P Q X D U R D V Q R
A G S A A W M J A E O N C E R H
T E X A S Y A R I H R K Y X L Q
I N V A S I O N T Q P L V N Y L
```

TEXAS
RIO GRANDE
PACIFIC OCEAN
ANNEXATION
JAMES K POLK
JOHN SLIDELL
NUECES RIVER

THOREAU
BUENA VISTA
YELLOW FEVER
ZACHARY TAYLOR
STEREOTYPES
INVASION

Solution on Page 89

MKUltra

```
H B B E L E C T R O S H O C K S
Y R A E Z C O L D W A R K E K I
P A I T N M D C N A C L I Z B D
N I O N J X Z K I A O B Z P H N
O N L M I N D C O N T R O L U E
S W S L E J B P E J V E B H M Y
I A D Y F X H O B B F A H Z A G
S S D T J Y P U S S D E O K N O
Q H R U N I V E R S I T I E S T
I I U J E B C B R M I T P E U T
X N G T P H C I X I J U N U B L
A G S V C L H X L F M R P R J I
R P W R O B O C A T S E C M E E
R I C H A R D H E L M S N Z C B
A S R N K P L F E K Q U H T T F
S O V I E T B L O C Q C O I S I
```

MIND CONTROL
DRUGS
ROBOCATS
LSD
CIA
HUMAN SUBJECTS
EXPERIMENTS
BRAINWASHING

ELECTROSHOCKS
HYPNOSIS
UNIVERSITIES
RICHARD HELMS
SOVIET BLOC
SIDNEY GOTTLIEB
COLD WAR

Solution on Page 89

Most Influential Presidents

```
A B R A H A M L I N C O L N J T
W O O D R O W W I L S O N R A H
Y K J W P D R K U P H P E T M O
V D W P S Q O Y W K L W A E E M
J O H N A D A M S J O T K D S A
J B M N I I M E B H O M N D M S
R A J G S Z Z X N J U S P Y O J
E M M D E O W E T D N F E R N E
A A A E O R S Y I M V S T O R F
G E X L S I A G U L U F R O O F
A O J C E K J L X P A Y U S E E
N Z A Q I T P Q D T W Q M E U R
F V H Z A A N O E F D R A V W S
X G V A X N X E L J O A N E N O
Q T P P G B N H A K S R F L V N
O C G L N L T N V X M A D T I D
```

ABRAHAM LINCOLN

FDR

THOMAS JEFFERSON

TEDDY ROOSEVELT

TRUMAN

WOODROW WILSON

JAMES K POLK

EISENHOWER

GERALD FORD

TAFT

JOHN ADAMS

JAMES MONROE

OBAMA

REAGAN

Solution on Page 90

Native Americans

```
H K S W S J V S X M E F F E E N
W M V H I M I C A A G Q N O D J
A D O T O O I T G D U N H Q E A
S U E R U S F J N L E L I B T L
S A M Q X V H O X Y U E B E R A
I X O Y N S J O E G N G E G A S
M R D D L A T H N Y B K K G I K
I F I B V I C R L E O U R T L A
L F D A U R E S E R V A T I O N
A H N P A I U T E A D C Y L F N
T Y B A C W I H D L T N R L T A
I Z F C J A C M H Q T I G N E T
O V L H T G F F H P L F E C A I
N D F E S M X Z N Y C W N S R V
N A T I V E H A W A I I A N S E
A N C E S T R A L L A N D S R S
```

CHEROKEE
APACHE
NAVAJO
SIOUX
CHEYENNE
PAIUTE
IROQUOIS
SHOSHONE

ANCESTRAL LANDS
TREATIES
ASSIMILATION
TRAIL OF TEARS
RESERVATION
NATIVE HAWAIIANS
ALASKAN NATIVES

Solution on Page 90

New Deal

```
R E N Q S C Q V H H P D E P L C
H C I L M A C P I Z B B A L K O
Y O E G A K N C Y F K L A M M N
D N C B L D A Y Q I A G A Y S S
R O H P C G V A O R A B V F U T
O M A P R O V I D E J O B S N R
E I U Y P F A F T S N G Q I I U
L C D X X P V S V I C B N X O C
E G H L W C S Z A D H Y D T N T
C R V B S S A F J E Y W O G I I
T O L I A E D V Y C N R A S Z O
R W X L A K C U Z H E I D G E N
I T G P T G T V U A W K L G L Y
C H E A I P R T K T B J X K Y P
A D I B B V W G R S H V Z R N I
P R O S P E R I T Y Z N C L O U
```

FDR	DAMS
PROSPERITY	HYDROELECTRIC
PROVIDE JOBS	SEC
CCC	ECONOMIC GROWTH
WPA	FIRESIDE CHATS
CONSTRUCTION	UNIONIZE
TVA	GLASS STEAGALL

Oregon Trail

```
N S I W A G O N T R A I L S H M
E F E R J R G J A K E U A Q Z H
B A M T Q P L L U P Q L E C Y T
R R I X T R A N C H E R S E W J
A M S H T L V H I D A H O S G X
S E S Z D R E T O G V W Z L K N
K R O G G P A R V R E G N C W S
A S U Q B M G P S S S O N M W N
V M R F Y S J Q P L G E S E Z T
Q Z I T P K M I N E R S B S N H
F U R T R A D E R S R I S A C F
Y A I P W N N O W A S S J A C M
Q Y V I I S W Y O M I N G N F K
F S E O X A X Y A B T R A A E N
V S R H H S X C N D P S L P T E
E M I G R A N T T R A I L J V H
```

EMIGRANT TRAIL
MISSOURI RIVER
KANSAS
NEBRASKA
WYOMING
IDAHO
OREGON
FUR TRADERS

TRAPPERS
HORSEBACK
WAGON TRAILS
SETTLERS
FARMERS
MINERS
RANCHERS

Solution on Page 90

Patriotic Symbols

```
K I B E S X X G T I P G M A B D
D R G Y Q E I G R E A T S E A L
Y R Y N W T Y E X L L B A Y L J
U N C L E S A M F N E W Q S D E
O A K T R E E N G Y X U W B E H
S N E E P A A F M R C R W E A Z
B V W U S C A P I T A L N M G C
U P N K I H Y Z B Z U E Q U L L
G R T R O S E G M Z S W W G E B
E T E H O L L Y W O O D S I G N
S M O K E Y T H E B E A R J O F
A E D M O U N T R U S H M O R E
L I B E R T Y B E L L A G E J Z
N C A P A U L B U N Y A N U W Q
A D N X Y A C S T K C P B N J X
S L F O K U W V T X G U X D R Y
```

AMERICAN FLAG	LIBERTY BELL
GREAT SEAL	HOLLYWOOD SIGN
OAK TREE	UNCLE SAM
ROSE	GI JOE
US CAPITAL	SMOKEY THE BEAR
MOUNT RUSHMORE	PAUL BUNYAN
BALD EAGLE	

Solution on Page 90

Pearl Harbor

```
T P T Q U M T G W M C U A F M H
H A W N S V L J I U I E Z C N O
E C E C N U T I J Q K Q C M O N
O I N I A P A I R P L A N E S O
K F T N V W K W G N E F D R U L
L I Y Q A C A S U A L T I E S U
A C S H L V J X A O A W S B S L
H F H P B O A Y T P P O Z W A U
O L I F A Z P L N S A H X F R C
M E P M S S A N V R E O X K I O
A E S C E G N E N E B U B Z Z C
B T T O R P E D O E S R R T O C
M W M X P L S K L J N S N H N K
V B A T T L E S H I P S E O A V
M B X S D J Q I K L V D A L K R
J D D P P F Q C T N Z F O T S X
```

HONOLULU

JAPANESE

BATTLESHIPS

AIRPLANES

NAVAL VESSELS

FDR

HAWAII

US NAVAL BASE

CASUALTIES

PACIFIC FLEET

USS ARIZONA

TORPEDOES

THE OKLAHOMA

TWO HOURS

TWENTY SHIPS

Prohibition

```
O N E S S E V H Y E Y T D D A W
A N N P X S Y N R E Y K H E R H
G K T E B M U B M R O A H T M I
J X L A K E S U P E R I O R M S
A Z G K R I V E R R A T S O P K
C X C E C I V E A U M A F I A E
Y P K A M O O N S H I N E T B Y
A C X S B Y K I G M J W H L O S
L A G Y L J A A S R F S U E O I
A L C A P O N E T L D H F H T X
W I N D S O R U H N A B E A L E
S M U G G L I N G E O N H Z E S
R E D U C E C R I M E B D U G N
L A K E S T C L A I R X T V G L
R U M R U N N I N G Q C P T E R
S O C I A L P R O B L E M S R U
```

SPEAKEASY

MAFIA

AL CAPONE

SMUGGLING

MOONSHINE

BOOTLEGGER

RUMRUNNING

RIVER RATS

LAKE SUPERIOR

ONTARIO ISLAND

DETROIT

WINDSOR

WHISKEY SIXES

LAKE ST CLAIR

REDUCE CRIME

SOCIAL PROBLEMS

Solution on Page 90

Pullman Strike

```
B A B U S I V E E M P L O Y E R
R O P S W I T C H M E N S R M I
A J Y F B R V F A D K G P F B L
I E O C S Q N D N W V H A F Y H
L L A B O R D A Y G L K L J P E
R Q O A I T L S R T A B P P G B
O W C Z P S T J C U T W A G E S
A Z D T I E U G E N E V D E B S
D E O E S T A R V A T I O N P N
C F U L R C L E V E L A N D V T
N L Z E O A I N J U N C T I O N
B Z V G F Q I W V P N J Y U C U
F R U R D C F L H W B L E A P D
M U M A Y F B M E Q U A K Z G K
B Z B M K L U H K D L R R I S S
Y J A S P H S C T W Z O B I O W
```

RAILROAD
BOYCOTT
LABOR DAY
CUT WAGES
STARVATION
ARU
ABUSIVE EMPLOYER

SWITCHMEN
EUGENE V DEBS
TELEGRAMS
BLUE ISLAND
DERAILED
CLEVELAND
INJUNCTION

Solution on Page 90

Sacco Vanzetti Case

```
A N A R C H I S T S O B R G E X
R O B B E R Y Z G T V A Y P L V
S E C U R I T Y G U A R D C E O
V N F C O N F E S S I O N S C J
M N D Q H G J J P Z G L L D T W
R I T G V J D Z Q A H O T J R M
Z T S X Y U W H Y G S M M Y I X
F U F T H R Y S H R B E Y C C W
T M K G R S N W H U H O P P C M
Q U N F A I R T R I A L A F H K
E F R E D P A M E N T E R F A Q
Y G J J Q P X R L Z B O B D V I X
D I S C R I M I N A T I O N R U
N I C O L A S A C C O U N B A J
W R F L I M S Y E V I D E N C E
E Y E W I T N E S S E S N E Q P
```

NICOLA SACCO
BAROLOMEO
FRED PAMENTER
SECURITY GUARD
ELECTRIC CHAIR
ANARCHISTS
CONFESSIONS
DISCRIMINATION

FLIMSY EVIDENCE
MISTRIAL
PARDON
UNFAIR TRIAL
ROBBERY
GUILTY
EYEWITNESSES

Solution on Page 90

Salem Witch Trials

```
S A M U E L S E W A L L E N B A
V J N U P J K U Y S I L M C R B
D G H H T L V C B U B W A R I I
R G A L L O W S H I L L S Z D G
Q Y N S D C R U C D G G S L G A
J W G E U L L U E G G B A J E I
V A I M V N R H V I I R C R T L
M N N V X C C D R D U S H E B W
Z S G V E T E G E T V Y U S I I
K S S H I R M R A V Q V S E S L
B O T W W A U N G J I C E N H L
Z Z E O I J R V Z O L L T T O I
A B Q L N E F D D C T J T M P A
R P L V P I W C Q X M Y S E Q M
M I V U C O N F E S S I O N S S
W J S S A Z X G Y S L G M T N L
```

MASSACHUSETTS
BRIDGET BISHOP
GALLOWS HILL
SUPERNATURAL
DEVIL
RESENTMENT
BEWITCHED
ABIGAIL WILLIAMS

WILLIAM GRIGGS
CONFESSIONS
HANGINGS
SAMUEL SEWALL
THE CRUCIBLE
STONING
ERGOT

September 11, 2001

```
M Y D Q N A M T M O Q P F O B C
T Z B I N L A D E N D E T N C R
Z P O I P Q I E A K S N F E A E
P D E K B A O V U R R T O W L R
R C I W T E Z T E H Z A U Y I O
Z V N W V D C W S T W G R O F P
E N G D D A O U E D V O P R O I
Y Q C H E T B J D O R N L K R T
J L C W N E H A R F Q U A C N Q
J D O I G C T N G O K Q N I I N
O I W R E F Q R P P K L E T A E
C T O M Q U T X N L Y O S Y I S
P E S H A N K S V I L L E M O F
G T E R R O R I S T A T T A C K
F I R S T R E S P O N D E R S K
S U I C I D E A T T A C K V X Z
```

NEW YORK CITY   PENTAGON
BOEING   SHANKSVILLE
AL QAEDA   GEORGE BUSH
TERRORIST ATTACK   LIVE TV
FOUR PLANES   FIRST RESPONDERS
SUICIDE ATTACK   BIN LADEN
TWIN TOWERS   CALIFORNIA

Slavery

```
F M Z M U F I T P S V B N K S C
V D C U O T J O B J D O E T X O
J F H I H O Z B Q J T P S L L T
F Y O I J L U A E T U I D V U T
E H L U R S R C O N N S T I H O
M C I B R C N C W O N D A A T N
A F R U K M R O I O L I W W G G
N J Y G E J I T I R A N C P Z I
C X Q W H C I L O P H D D I W N
I W F V O L L W L U E I A Y D Z
P X T U O E W V L I E G V B D S
A H Z B B E N N Z K O O E M C C
T N A E N G J A Z A N N K M A I
I C R D E N M A R K V E S E Y Z
O P C K I D N A P P E D E V A V
N A T T U R N E R X U F A Q P X
```

KIDNAPPED

TOBACCO

COTTON

FOUR MILLION

NEW WORLD

INDIGO

COTTON GIN

REBELLIONS

DENMARK VESEY

NAT TURNER

EMANCIPATION

ABOLITIONISTS

Spanish American War

```
R R P G L F Q M E G B I E N A H
E O H Y R F A D L C D U F B P A
B U I N S U R G E N T S U T N V
E G L V G P C Q H O I C M C U A
L H I S Q B X Q Q W Z U B D U N
L R P I N D E P E N D E N C E A
I I P H A M P U E R T O R I C O
O D I P M A N I L A B A Y H U A
N E N O I X F C T P Q N O Y U R
T R E A T Y O F P A R I S N S M
Z S S R K D Z O B N L M Y G S I
U S J P B H C D S G N Y T X M S
N N I I A A D I A H B M J E A T
B X N T J I B K R K K J O I I I
K K G G M S N R F L B T F L N C
T E D D Y R O O S E V E L T E E
```

INDEPENDENCE
REBELLION
USS MAINE
ARMISTICE
CUBA
MANILA BAY
TEDDY ROOSEVELT
ROUGH RIDERS

TREATY OF PARIS
GUAM
PUERTO RICO
PHILIPPINES
INSURGENTS
SPAIN
HAVANA

Solution on Page 91

The Automobile

```
W H T Z F A G A C W K S M S L A
O E G V R S V C N Q E H E Q V V
R N I I A B S H H C V I C F A S
K R V V N H D A I H T G W T R W
W Y U Q C R S R M I M H Q O B I
E F L C E Y P L N T K V T B I L
E O X W E W Y E G B K O Y I G L
K R Y E O Z M S R K M L R M T I
C D Q L T A C D G L N U V O H A
C H S A N Z C U A E J M W D R M
R Q R A Q J C R S E R E D E E D
Y R B Y I X E Y F L V M M L E U
R R M S S N V E B Y V I A T W R
U F O Y E L E A W F W X F N S A
H R P G C H E J F R A N K M Y N
H S Z K F H K R H F I M J N U T
```

HENRY FORD	CHARLES DURYEA
GENERAL MOTORS	MODEL T
CHRYSLER	WILLIAM DURANT
BIG THREE	LOW PRICES
GERMANY	HIGH VOLUME
FRANCE	URBAN AMENITIES
J FRANK	WORK WEEK

Solution on Page 91

The Clinton Years

```
D M B D Z M C T J O J G Y P L E
X E G G H J C J G G N F K P V I
Y C A R Y A M W Z I Z O S A M M
P P P T Y F H Q D I A M E A O P
A N A D H B U A K I T L Q U N E
W C A U P R O J I L C M E I A
X R Q V L T E D E A X R K Z C C
B A S U A A A N C I Q B Z S A H
A F T N I D J I A F X O D T L M
R J I E H T D O W L C C F E E E
A H R G J E T H N N T A S D W N
C T A M M W O E I E N Y D C I T
U B Q R Z D O U D D S T I P N D
S T A R R R E P O R T E Y B S F
M O G A D I S H U M A B O H K U
Z J A D I W Y O J E W T M J Y Z
```

MEDICAL LEAVE

BAGHDAD

MOGADISHU

BRADY ACT

NAFTA

DEATH PENALTY

PAULA JONES

MONICA LEWINSKY

IRAQ

ACQUITTED

CHINA TRADING

STARR REPORT

IMPEACHMENT

The Gilded Age

```
U O L G G M O N O P O L I E S H
R C H I C A G O T Y S Y I N U E
B N O F M L U G F R C G O B M N
A P H Y Q C O E E P E O B Z W R
N N E W Y O R K P N C E M E I Y
I T N C W X A U R Y S F V N U F
Z H R C N R C A T I T O V P V R
A D R O K J C D W U R Y A Z H I
T M M C S W A A E P U P T U P C
I U U W E O X Z M T G L X J S K
O M Y R R I M M I G R A N T S J
N K D L A B O R U N I O N S H O
Y N I E N T R E P R E N E U R S
A A R O B B E R B A R O N S X N
R R A I L R O A D S T R I K E S
B O S T O N W M U A F P U C D E
```

RAILROAD TYCOONS	NEW YORK
ROBBER BARONS	BOSTON
ANDREW CARNEGIE	CHICAGO
ENTREPRENEURS	IMMIGRANTS
HENRY FRICK	MUCKRAKERS
MONOPOLIES	RAILROAD STRIKES
URBANIZATION	LABOR UNIONS

Solution on Page 91

The Great Chicago Fire

```
M Y D O O Q Y O O R N E O Q S O
L A W L E S S N E S S I C T K L
A O R E D E H H B U D A T M Y E
N C W T E V T X Q H R N O J S A
F T I J I A E K Y J O Q B O C R
L O N H E A Y O T I R I E S R Y
Y B D W H H L X L D R N R E A H
V E Y U U Y R L B K V B E P P X
H R C V Y H I E A L J B I H E N
D T I V N M S Z D W O G G M R J
M E T E O R I E O X O O H E S Z
N N Y W P E Y N K P A R T D P B
M T T X Q M V J R D X N H I W I
E H V H S O L P N M A N G L N B
F O U R M I L E S L O N G L K G
R E C O N S T R U C T I O N R R
```

OCTOBER EIGHTH	LOOTING
OCTOBER TENTH	LAWLESSNESS
TWO MILLION	MARTIAL LAW
LANTERN	JOSEPH MEDILL
METEOR	RECONSTRUCTION
FOUR MILES LONG	SKYSCRAPERS
WINDY CITY	OLEARY
DRY WEATHER	

Solution on Page 91

The Great Depression

```
D N E W Y O R K C I T Y E W B F
T R H O M E L E S S N E S S D O
F O O T J B W A L L S T R E E T
A A A U E C H J O R N E W I U Z
V Z C E G Y P F W E Q T C L O Q
P B O C T H D K W P V Y L X H I
M A A A Z S T K A T H P D K V T
W N V K G C R S G S T B Z C D L
E K J K A A Q H E Q H S E P A T
J H A V I Z L S S Y K N T E L S
F O R E C L O S U R E S D I F P
D L O K B X W N B J H W O M C E
R I M E Q U N S R W E L C O K F
U D W Q P I I B B N S I D S X W
Z A M B A N K I N G P A N I C S
B Y F I R E S I D E C H A T S L
```

WALL STREET

NEW YORK CITY

LOW WAGES

FORECLOSURES

HOMELESSNESS

DROUGHTS

BANKING PANICS

FDR

BANK HOLIDAY

FIRESIDE CHATS

NEW DEAL

Solution on Page 91

The Roaring 20s

```
U N Y F V Q G M G R T R C W N P
E H R T K N L I Z E A J M O L J
F D N O I X S N B B H D I C I C
Z F N C P R O H I B I T I O N C
V L N W Z E B B H M A L G O Q U
K A Q D M T L L J R T F U K I O
D P T I M E M A G A Z I N E D A
O P O R G A N I Z E D C R I M E
L E I M W O M E N V O T E R S U
W R I N M M J A Z Z M U S I C H
I D V B I S P E A K E A S I E S
C R B I S T O C K M A R K E T S
Q K T A U T O M O B I L E S D Q
O N T H E G R E A T G A T S B Y
A U R B A N L I V I N G R N E J
B O O T L E G G E R S Q C P V N
```

FLAPPER

PROHIBITION

JAZZ MUSIC

THE GREAT GATSBY

WOMEN VOTERS

RADIO

AUTOMOBILES

BOOTLEGGERS

SPEAKEASIES

ORGANIZED CRIME

DANCING

ANTIIMMIGRATION

URBAN LIVING

STOCK MARKET

TIME MAGAZINE

Solution on Page 92

The Space Race

```
V L Z T J Q M R A S S G M V T N
O L P I C Z E R L P E A P I T S
S B U L B R X R A U T L B D A M
T F Y N O M O O N T C R P K M A
O D W L A T G Z S N O R P T T B
K Y P A C R F M H I Z R J W J N
S X M S O Z S T E K H D M O I S
E H Q T S F M P P O F D L W T S
A L B R M T L D A Y S L N E X N
N O P O O G G X R C O T I O E D
L D N N I I N D P E V C N O J
A I C A A Y J L A I O C T G I A
A T F U U Z V T A S Z G R R L P
S P O T T H O K D A A L E A D X
N E I L A R M S T R O N G F F L
B U Z Z A L D R I N P G U X D T
```

APOLLO   VOSTOK
SPUTNIK   ALAN SHEPARD
NASA   NEIL ARMSTRONG
EXPLORER   BUZZ ALDRIN
SOVIETS   LUNAR SPACECRAFT
MOON   ASTRONAUT
ORBIT   COSMONAUT

Solution on Page 92

The Thirties

```
Q Y B A T U B E R C U L O S I S
T H E D U S T B O W L O R W J G
L X I W I K Q J S N G W J I I R
M K I T C H E N G A R D E N S E
B L A C K S U N D A Y X N G K A
L V V G O Z Y A N D W I B M D T
M I N I G O L F Z S M E O U Q D
Q D G R K N F X Q R F I A S K E
E A N Q D W O N M A L A R I A P
F I J Y H P T Y P H O I D C X R
N M K J L H E X D W G J G D T E
K H B L A C K B L I Z Z A R D S
S T A R V A T I O N B X M H T S
R M C W O M E N W O R K E R S I
S D U S T S T O R M S Z S W U O
P O O R A G R I C U L T U R E N
```

DUST STORMS	TUBERCULOSIS
GREAT DEPRESSION	MALARIA
BLACK BLIZZARDS	THE DUST BOWL
BLACK SUNDAY	KITCHEN GARDENS
POOR AGRICULTURE	BOARD GAMES
STARVATION	SWING MUSIC
SMALLPOX	MINI GOLF
TYPHOID	WOMEN WORKERS

Solution on Page 92

Transcontinental Railroad

```
O A A N E P P C U Q K F S T U V
V S L X C W N E N T E C H N R
E A A C G K Q N I T H O O O I V
R W M E H M V T O C E A A M F T
L H E O F I Q R N Y B T S A I H
A I D F T I A A P Q I M T S E E
N T A S Y B L L A P G F T D D O
D N T E U A K P C W F P O U T D
R E E L V G J A I A O H C R H O
O Y R A C W J C F W U D O A E R
U T M P V A M I I H R D A N U E
T D I H U J B F C Q Y Y S T S J
E U N N F Z C I R L D Y T T C U
G P A C I F I C R A I L R O A D
Y L L D W Y E N S D C B D Y A A
P R O M O N T O R Y U T A H R H
```

PROMONTORY UTAH

UNIFIED THE US

AVALANCHES

UNION PACIFIC

CENTRAL PACIFIC

PACIFIC RAILROAD

OVERLAND ROUTE

ALAMEDA TERMINAL

ASA WHITNEY

THEODORE JUDAH

THE BIG FOUR

THOMAS DURANT

COAST TO COAST

Solution on Page 92

Tuskegee Airmen

```
C O R K S C R E W W S A P R F D
Z G W C X T J D G W G F A A R E
N I R K G A D R A V Y R N N E P
J F X M S Z U L Z L S I T D D L
N A Y X E M W M M F M C E O E O
K Z N X G O O H D H C A L L R Y
P H N H R T U J O Q K N L P I O
M N M C E O U J J D I A E H C V
C U M X G N K T F P S M R F K E
K I F Y A F B Q D L S E I I K R
J D X J T I C B I P A R A E I S
X S H R I E R A J Y C I K L M E
M K Z S O L T W A V K C K D B A
D Q W J N D C A W I J A T S L S
W A L T E R W H I T E N K M E O
D K S R W O R L D W A R T W O T
```

AFRICAN AMERICAN
WORLD WAR TWO
DEPLOY OVERSEAS
RED TAILS
JIM CROW LAWS
SEGREGATION
WALTER WHITE

MOTON FIELD
MCKISSACK
FREDERICK KIMBLE
RANDOLPH FIELD
PANTELLERIA
CORKSCREW

Solution on Page 92

U.S. Constitution

```
S X C C I L J I P Z Q N T R P V
U H Y N N E F R X K Q S I D H I
P S H D F G B N E W R V L N I R
R Z A M X I I M H N A Q I S L G
E X M T J S L E E V T J C E A I
M D E V U L L E I A I A O V D N
E E N U D A O Z X Q F C E E E I
C K D M I T F M R E I X F N L A
O U M Z C I R A P T C K K A P P
U U E I I V I U P Y A U N R H L
R L N U A E G D K J T N T T I A
T V T L L Y H U S Y I W E I A N
J F S W L C T H Y B O K B C V O
B Y P F G J S E A C N R J L H E
P R E S I D E N T C C D C E U V
G R E A T C O M P R O M I S E E
```

PHILADELPHIA

SEVEN ARTICLES

LEGISLATIVE

EXECUTIVE

JUDICIAL

PRESIDENT

SUPREME COURT

AMENDMENTS

BILL OF RIGHTS

VIRGINIA PLAN

GREAT COMPROMISE

RATIFICATION

Solution on Page 92

Underground Railroad

B N V M K P Z I C R C C N Z C D
H Z G J P Y A S B T S A Z D I F
B C I X H Y S P G D G S N V B S
D A W N I N S T I T U T E A R I
C V O O L Y J V V N V U H E D R
O R U R A G A O K I X Q K U E A
N R J T D D E L H B R A N P G D
D K G H E U H R Z N U G P J N E
U E O C L G M W R Q P O I A B H
C N I A P L I Q F I H A L N E C
T T G R H E J B N T T Y R G I S
O U K O I H E A C G R S V K E A
R C F L A O U A N A O O M P E I
S K H I N U A U M T C M I I D R
M Y F N I S U I X F G A H Z T W
K F G A I B W C W N D R P N X H

QUAKERS	MARYLAND
ISAAC T HOPPER	CONDUCTORS
PHILADELPHIA	CANADA
NORTH CAROLINA	DAWN INSTITUTE
TICE DAVIDS	JOHN PARKER
KENTUCKY	GERRIT SMITH
VIRGINIA	

Vietnam War

```
D E A N R U S K M N U D I A C W
O W A R P R O T E S T S S R H V K
M V I E T C O N G Z X A N P K K
I P O T Z E V I E T M I N H S D
N Z N O K M T B T A M L E A J S
O Y H T Z K E K N I E M N R Q W
T L B Z Y J A C H W T M A G S W
H J U B Z V M C W G S L I U T P
E A I Z N T O N K I N G U L F K
O Z X T R H P I A U M U A M F Z
R D I E N B I E N P H U L J H N
Y H B M I D D L E A M E R I C A
N O V G E N E V A A C C O R D S
R G U L F O F T O N K I N Q C M
S O U T H V I E T N A M S U K E
F R E E F I R E Z O N E S Z S E
```

HO CHI MINH

VIETMINH

DOMINO THEORY

DIEN BIEN PHU

JFK

TONKIN GULF

GENEVA ACCORDS

VIETCONG

GULF OF TONKIN

MIDDLE AMERICA

ROBERT MCNAMARA

DEAN RUSK

SOUTH VIETNAM

FREE FIRE ZONES

WAR PROTESTS

Solution on Page 92

Watergate

R R L K L G T U O Z H I P M F I
R I E X H C A I R Z U T E Z K B
Q E C E V O P I C Y S Q N G G U
P U K H L V E M D Q H P T F W R
V W I H A E S N N W M L A G I G
P T J F M R C A C T O U G K R L
C R E E P U D T T I N M O B E A
G A O D D P V N I X E B N T T R
B N W L X F U Q I O Y E P D A S
W S C A N D A L C X N R A K P R
W C D H P S T T E F O S P E P W
K R R D C J Q R S M J N E U I L
Z I V B O B W O O D W A R D N R
D P L V W F Q Z B L Y Z S Z G K
K T L A R R Y O B R I E N C T N
W S I M P E A C H M E N T A B F

RICHARD NIXON   TRANSCRIPTS
SCANDAL   TAPES
BOB WOODWARD   IMPEACHMENT
LARRY OBRIEN   PENTAGON PAPERS
CREEP   BURGLARS
PLUMBERS   REELECTION
HUSH MONEY   WIRETAPPING
COVER UP

Women in Colonial America

```
M A R Y R O W L A N D S O N I Z
M A R Y C H I L T O N X D Y T Y
A P R D U E P R O C E S S Z N P
R L Z T P M B U B O N H E J R S
Y B H P H O H G S O V G X D P K
D R Q U R A O M M P N I I U X O
Y G N R S X B C T I R A D P G L
E W F I Q B I A R G S E W I N G
R Z T T O W A A L Z B K E J A B
V P B A J X E N E L Z B S U M C
G C M N U B L F D U A J V D I J
O G B O D E D T S R T R Q F N O
X N S L F P Q L M Q Y H D T M H
R A I S I N G C H I L D R E N Z
Z H A N N E B R A D S T R E E T
C H O U S E K E E P I N G P Q G
```

MARTHA BALLARD

HUSBANDRY

PURITAN

CHILDBEARING

SEWING

MARY ROWLANDSON

HOUSEKEEPING

RAISING CHILDREN

DUE PROCESS

MARY CHILTON

ANNE BRADSTREET

MARY DYER

Solution on Page 93

Women in the Civil War

```
L A U N D R Y M J L E F E P J I
O I S A B O T E U R S C A M P S
S C K M M A Z R R F N A S F D O
C H A Y L X R Z Y E U P F E I L
L H R S S P K Z D Y R A I M S D
A U K S A N P N S O S B E A G I
R G C E R P E N S T E L L U E
A J Q R A P X A M D S E D E I R
B W E B E L L E B O Y D O A S S
A I N D D T T I Y K K H F C E Q
R A N N M Z I N N P G D B T D B
T I N E O B W A I Y E X A I A Q
O H K R N G L N M U Q X T V S Z
N F R H D E Z O P O Z T T I M G
V B Q W S K Q S D M T E L S E U
D O R O T H E A D I X T E M N E
```

DISGUISED AS MEN

SOLDIERS

LUCRETIA MOTT

CLARA BARTON

NURSES

FIELD OF BATTLE

CAMPS

LAUNDRY

SARA EDMONDS

BELLE BOYD

INDEPENDENCE

CAPABLE

FEMALE ACTIVISM

DOROTHEA DIX

SABOTEURS

Solution on Page 93

Women's Rights

```
A F B I R T H C O N T R O L X N
G X R I G H T T O V O T E E T D
I C N A U J H B E R S M V H K I
R P W X N C L E E T I A Y X N S
Q V Z S H C P K H S E I F K P C
E S S U B G E G B L Z S E Z R R
K P D F C V I S Y C C S L J F I
A E W F N R H T P T O H T Z F M
G O Z R L S I F J E J X D I G I
N J E A N N E T T E R A N K I N
S N U G R Y L K D O M K O P G A
M Q Z E F Y R O O C Z H I K L T
E K T O N E I N F O U R A N L I
D A M I L I T A R Y B A N P S O
M A R G A R E T S A N G E R L N
X C A R R I E C A T T L T E O C
```

EEOC	BIRTH CONTROL
NOW	DISCRIMINATION
SUFFRAGE	RIGHT TO VOTE
JEANNETTE RANKIN	MILITARY BAN
MARGARET SANGER	MATERNITY LEAVE
EQUAL RIGHTS	ONE IN FOUR
FRANCES PERKINS	CARRIE CATT

Solution on Page 93

Women's Suffrage

```
X D H A C M I G F J O W A Q S S
L U C R E T I A M O T T S T T E R
R I G H T T O V O T E T S T A N
R J X P O T R I L R N E A N L E
G P K B S F F J I E T C L W I C
N D L H I N Q M M O E R S N C A
Q V H U E O I I R I Y O S Q E F
U T A H N V T P R W Y F M D P A
I M S E U N W R U E G O K E A L
T E M P E R A N C E H S Y Z U L
U T Z S O C T Y A A Q A J W L S
E W Q Q L K H E D I J G V L B L
R A T I F Y N I N E T E E N A A
I Y T S T A T E B Y S T A T E W
S U S A N B A N T H O N Y T Q S
C W O R L D W A R O N E X K L O
```

RIGHT TO VOTE
SENECA FALLS
LUCRETIA MOTT
SENTIMENTS
SUSAN B ANTHONY
STATE BY STATE
TEMPERANCE

IDAHO
UTAH
CARRIE CATT
ALICE PAUL
RATIFY NINETEEN
PROTESTS
WORLD WAR ONE

 Solution on Page 93

World War I

```
R C W Z N E Y Z A P W U P K V I
Z W E F L N N E L U T K R J I D
L B W N A H R O L G K D K A C O
E L F M T L Y E I H G T I D T S
O D R N J R G E E E W L V E O S
Z E A M O U A V S B D C H M R U
G F N T G S J L A A F O W O Y S
R H C B T S P I P L D X A C G S
L I E X X I N I X O L K B R A E
V O R O A A B I K I W C Z A R X
B N Z S T J O R S Y D E L C D P
G A S I B R I T A I N B R Y E L
L K S Z I M M E R M A N D S N E
F U T K T W T E L E G R A M S D
L A U S T R I A H U N G A R Y G
W O O D R O W W I L S O N H L E
```

CENTRAL POWERS
WOODROW WILSON
ALLIES
GERMANY
LUSITANIA
SUSSEX PLEDGE
TELEGRAM
ZIMMERMAN

AUSTRIA HUNGARY
BRITAIN
FRANCE
RUSSIA
VICTORY GARDENS
VICTORY
DEMOCRACY

Solution on Page 93

World War II

```
H K B L I T Z K R I E G H A H N
T K E G H P I K U T N C P U I U
L R Y A P E A R L H A R B O R C
U R B L C R N Q K E T X A Y O L
F O Z L N S Y N B H O C T D S E
T V A I Z J E A H O M N T O H A
W U D E O J H G U L I A L I I R
A N T D N A R A D O C Z E V M W
F R A P M W U S U C B I O Q A E
F W L O P H U A W A O G F K I A
E Q S W O U H K T U M E M J N P
H N Y E H P O I K S B R I U L O
V O C R L C Y G F T S M D T I N
A X I S P O W E R S V A W Z N S
I W O J I M A J R Y M N A S V E
A D O L F H I T L E R Y Y T K K
```

ALLIED POWERS

AXIS POWERS

NUCLEAR WEAPONS

NAZI GERMANY

PEARL HARBOR

OMAHA BEACH

IWO JIMA

NAGASAKI

HIROSHIMA

BLITZKRIEG

ATOMIC BOMBS

THE HOLOCAUST

ADOLF HITLER

BATTLE OF MIDWAY

LUFTWAFFE

Solution on Page 93

Yellow Journalism

```
J O U R N A L S R I V A L R Y I
F I O J B O W E M T E G D K L L
S B Y O A E I N A A L P G E P L
P X P S N X L S S B I Y B F V U
S M K E N A L A S L Z A G L B S
T Q K P E G I T C O A S U P G T
Q A H H R G A I I I B H N H E R
F K O P H E M O R D E Y Y S O A
G U Y U E R H N C N T D E A R T
C W T L A A E A U K H W C J G I
Q C E I D T A L L G G W O Y E O
K Z L T L I R I A G I V M R B N
R O H Z I O S S T H L J I I L S
N M H E N N T M I W M Z C F U D
P B T R E I W S O N E V S B K E
G R E J S B N Q N O R Z H A S Z
```

EXAGGERATION
SENSATIONALISM
FAKE NEWS
WORLD
JOURNAL
RIVALRY
COMICS
BANNER HEADLINES

ILLUSTRATIONS
GEORGE B LUKS
JOSEPH PULITZER
WILLIAM HEARST
MASS CIRCULATION
TABLOID
ELIZABETH GILMER

Zoot Suit Riots

```
N I U X U J A N S Q L E B S T L
G S C I K V I C Q G V S A W L A
F Y N V X Z B A N R R E G I D T
O U U X A V S E E O C R G N R I
G F D F X B U S L P R V Y G A N
B R R Q U L E I I R I I T D F O
Y Z A L B R A M E B M C R A T S
H W C C L S P Z G O E E O N D C
O E W A E R V G X X W M U C O C
F R V T C T E V R K A E S I D O
H A I B M G E B P S V N E N G H
N H T Y O H R N G X E R R G E U
W E E K L O N G S G L E S Z R U
F L T V M I N O R I T I E S S T
K J R A C I A L V I O L E N C E
U N P A T R I O T I C N Z F P M
```

LATINOS	NAVAL RESERVE
SWING DANCING	CLUBS
BAGGY TROUSERS	SERVICEMEN
MINORITIES	CRIME WAVE
UNPATRIOTIC	BAN
WHITE SAILORS	WEEKLONG
RACE TENSION	RACIAL VIOLENCE
DRAFT DODGERS	

Solution on Page 93

1940's Slang Solution

```
L O M P X G T Z M B V K X W G B
J C O O V G A O R P F J L L U V
P M J V X G R A N D S T A N D W
S N I R A I B C O L D F I S H L
D D T I K U E S W I G G E R N C
Y Z T N H T I N H Y S G A V K U
O V E R D R E A M B O A T I G T
L U R Y E X I P P A E S J J R A
G O B B L E D Y G O O K L R X R
Q B U Q F V R O D M W W F V A A
A H G Z W R E U R I K G P Q K G
C N P Q Y P G R E E N B A C K S
E B V I Y U M C E D L T R L I B
D U H O L Y M A C K E R E L Z X
G E E Z E R T P N R M T J N J L
W H I S T L I N G D I X I E A V
```

1794 Whiskey Rebellion Solution

```
J P Z E P G I K C Q R O B A R J
U O R Q D W P N I N E C E N T S
N A H O I Y W F N G P R D Q T N
P D W N T W H I S K E Y T A X U
A S I X C E N T S U A V J T L W
I N E B V O S V B E L L O Y H I
D P V Y I B N T U R E I P E T P
T I C K F G X N S N D G J K T I
A S M A L L P R O D U C E R S T
X M D X B J M C G R S P R M F T
E O A W L U O C C B G I L S T S
S R O B E R T J O H N S O N L B
W X B E N J A M I N W E L L S U
T H O M A S J E F F E R S O N R
B O W E R H I L L N A S X X V G
G O V E R N M E N T D E B T I H
```

80's Music Stars Solution

```
J A N E T J A C K S O N F I D S
I V R F E N L X U F J Y E Y E W
B P N M N N K M J H N C H S M H
O X R O X P C L H L I L O A I I
I D D I O Y Y W E L K R D C H T
Z A W Z N F N O O G N G E D H N
M G P Y Y C J P E S F J F C A E
O V A P A Y E G N T I O L J E Y
L M T A L H U U J N D O E P L H
D K Q L T K G C E Z B I P R J O
P H I L C O L L I N S H P R A U
E B H M E T A L L I C A A C C S
C U H N I H X Q Q R H Q R U K T
A M F L N G V J O C Y X D L S O
Y Q Y A I R O N M A I D E N O N
Y C V P U B L I C E N E M Y N A
```

1950's Family Life Solution

```
H L O W D I V O R C E R A T E C
F O Q Y L Q I T I Z H W Y J E A
Y F M Z Y W Y R S Z V Z R G P P
S B R E A D W I N N E R E Z B I
R E M R M X N T H H L M O A T
W X M F U A Z H F E L K F N B A
G D N G Y F K V Z O E U A P Y L
T R U V F A V E C S X N S L B I
H B U G U A Z K R J I U M D O S
T E L E V I S I O N Y I E O O M
Q N U C L E A R F A M I L Y M O
S U N D A Y S C H O O L Z M I S
Y O U N G M A R R I A G E S N G
D R I V E I N D I N E R S D U K
G E N D E R R O L E S Z U G J R
E C O N O M I C B O O M H V U W
```

1990's Gadgets Solution

```
S E C G K F T N I N T E N D O
T E W K N Z I A S O N Y A I B O
A H G K I C I P M L Y Q V U P T
L B W A L K M A N A L U X N H L
K I M Q D N D N N T G J A R H S
B M C E B R J V U R Z O J K K M
O N A P P L E Q U I C K T A K E
Y I U R Y W G A N A V T U C Y U
C R O P E M X G M Z G T O R H M
U I G A M E B O Y C C G D R Z I
F Z S C U B E M G K A G L B S Y
P L A Y S T A T I O N S Z K T A
S E G A G E N E S I S G T X P K
N O K I A C E L L P H O N E S B
G E O R G E F O R E M A N H I A
A P P L E M E S S A G E P A D K
```

Abolitionist Movement Solution

```
S S Q W I P N R M Z P K G H N A
I Y I G J H A S Y K L R Y A O N
S H I L H W J C T E P R E R R T
E U H P L F C H C S F O L R T I
M U S I N E W Y O R K A F I H S
A E V A E I U Y V Y U Z R E E L
N I S F N R G V C Q H B E T N V
C S O C Z B A D E G C X E T N U
I V F R A R A D U A R E D U S E
P E K V R P E N I F C D O B T R
A Z O N L T E L T C C O M M A Y
T X U P A W G X Q H A D D A T W
I Q I E S O R D E V O T G N E U
O A R V Z K B Y O P L N E Q S U
N C Q U H I W B X T U O Y B H Z
M A S S A C H U S E T T S B X K
```

African Americans in the Civil War Solution

```
M R D E E X V U S R S Z C M S S
I J M T D V X E E H A I O A O U
L B B L A S S E T P K D R S T
I L U X G R T I N U W E P S U
T J A B U N M S H E E H S A H C
I K V N U S W U P S T W D C H A
A K B L K G M J S I L I A H A R
A Y O C A L B E M B E T F U O
C V A B T D N X N L O S R S O L
T L P J C N U P V B Q G I E L I
B P G Z E T Z B E C I O Q T N N
V F V T V X Y O G L O F U T I A
U N I O N A R M Y Q S O E S A T
N A T H A N I A L B A N K S Y I
L A B O R P O S I T I O N S S
D I S C R I M I N A T I O N I H
```

Amelia Earhart Solution

```
N P G K W O R L D F L I G H T D
E B E P A D V E N T U R E N H I
W O O H V N X K T F I N A O E S
G H R O L V S K W O S E N K N A
U I G W V X X A Y P C E H M I P
I T E L M A Q K S O E O O O N P
N V P A C I F I C O C E A N E E
E V U N T C T I P E Y S A D T A
Q X N I I N M F M T O A N Q N A
A R A S A W I B Z X R H P F I N
T Z M L F P B G O I C U G P N C
E Y T A X Y R N Q Y P Z B E E E
L A B N H A L L O F F A M E S Z
L E V D S O L O F L I G H T S R
A V I A T I O N P I O N E E R U
```

American Imperialism Solution

```
T K M T J D O S D P L M X T H N
W N A E O G P E E T F I E W W I
J A N D P F U W L H K L R X I P
P G I D E T L A O E B I D A F U
I E F Y N N R R M R Z T W N O E
G L E R D C E D E O T A K N R R
G P S O O D Q S L U H R J E E T
E S T O O C B F E G R Y N X I O
U R D S R X J O T H T C L N G J
I V E E P Z V L T R Q O J N A I
I W S V O P Z L E I T N U R P
Q Q T E L Z U Y R D N T H F O O
P H I L I P P I N E S R C A L J
Z M N T C V J V T R Q O N A I O
W X Y K Y K Z E H S A L I D C C
C H I N A I X V E C U B A B Y
```

American Revolution Solution

```
T C K W D G L C Q G B J K Y E B
O O M F P I F O H Y A W T G B R
W N V K O N Y N I W V R R P O I
N S V S L V M T X T A O E A S T
S T P T R N B I M P E W A T T I
H I K A U K N N A G C I T R O S
E T K M R T W E G C U Q Y I N H
N U S P X L T N S F H W O O M C
D T J A E N I T X O U L F T A R
A I Q C O K N A X P L X P S S O
C O U T D U C L M Q C L A W S W
T N S L E N P A A E T A R U A N
S O D P E N J R Q S N H I Z C V
B Z Z X O K V M I Y H T S Q R V
P H Q U L K E Y R I N B K W E K
I K X L O Y A L I S T S O E L N
```

Anti Federalists Solution

```
R S E A Y G Z P K Y E F S K T H
O H M W L M E R K J S R C C D C
B J I A X I O O C P E S A L H F
E M R M L Y E J R R Y N Y A S D
R A S K W L E N O G O P Q G A D
T S L E T B F B A I E S Z Y R J
Y S N Z X T A A T C B M B J H E
A A Q Z O L Y I R X T I A X M S
T C J A S Y D N T M B X Z S E Y
E H K P F E S U A Y E B G Q O Y
S U J C S A M U E L B R Y A N N
A S L A N D O W N E R S S Z R S
G E O R G E C L I N T O N C G C
W T S H O P K E E P E R S O A P
X T B I L L O F R I G H T S Z K
M S J A M E S W I N T H R O P E
```

Assassination of JFK Solution

```
I F G E S R D S T Y G S L Z Z G
N O T O S I O M V S E U U P F X
S G J J V T O D Y I L C N D Q S
I R W F I E M X C R M F X M J C
D A J I M K R A D G N X D M A E
E S Q Y U I R N D A L L A S C
J S T Y E I E U M M N X D Y K B
O Y W C P F E A Z E Y B H J R I
B K U S Z B L H D E N A R N U Z
Q N N M C L E A Y K Z T S Y B M
S O T J E F C G K K O A B Y Y E
C L K R W R T M O B H I T G P Z
I L B S O J I M M Y H O F F A R
A M U T U A O X M L Z X R F G Z
U O O R G A N I Z E D C R I M E
P M D E A L E Y P L A Z A Q Y P
```

Assassination of MLK Solution

```
L I P Z S D J G D C V D D S K G
K B J M J E A J H I Y T V T G G
U S M O H A M E M P H I S J G O
M M A P L T E S P H U X B O D V
M A F I A H S G C K L H I S J E
G V E N T T E N S A E K N E P R
T S Y O Q H A O O X P Q X P G N
U Q U S M R R I E B N E I H N M
Y L L Q B E L K T M U I G S P E
C V V N B A R Y M M S V N O L N
R K E D L T A F K V H J Z F A T
I B Z H F S Y U M C Z D I U L T
C O N S P I R A C Y W R O Q S U
Y J E S S E J A C K S O N Q N W
L O Y D J O W E R S R J R U W N
L O R R A I N E M O T E L I A L
```

Black Sox Scandal Solution

```
C C H B L W U A L V B C D F N E
I L A C U Q O D C D M F P O P L
N D P H N C X R Q Q B X S J I N
C L P A D B K W L S U K M D O K
I Q Y R E E K W M D C I N V Q M
F L R N T M E A S A T X Z D Z D
N Y E P G P Q Q R J A G E D T A K
A K L S A J B E N K V K R Y E J
T Z S C I F O K C T P E B I A D
I Z C O D J T I Z K Y C R Q E K
R X H M P A H J J N K G B I O S
E D D I E C I C O T T E A F U J
D Y L S F R E D M C M U L L I N
S R D K S W E D E R I S B E R G
N H I E G A M B L I N G T I Y C
Z X Q Y H E X T A M M N A P W O
```

Brown vs. Board of Education Solution

```
N B V K M J E N F R C G O O E R
T A L A N D M A R K I R N S A A
K O A E D A S Z G O V O H N R C
Z O P C M F O W R H I G W M L E
T R L E P R U W M T L O L Z W R
H H X I K X T B A H R R I O A E
N E Z M V A H G B B I L T J R L
J Q P D U E E V A Y G H T M R A
M F Y F N R R D W X H V L G E T
L W W C G C N B E H T P E L N I
Y B X E F I S F R V S C R K A O
B S S R L E T J Z O K K O V I N
L E B Q G E A F Q O W N C G O S
D L W E K Z T G P H A N K D C C
W W C P G M E L A W S U I T W S
S I Y D J I S U T Z O G P E M P
```

California Gold Rush Solution

```
L D C F D K Z N A F R F J C B S
Z L A H G W W U R D K I F A K T
G B L O X O B W G V V W J L S E
N J I P T Y K M O B G M E I A A
M O F M Y Q R V N I H S V F M M
X X O Y A W D P A M Y J V O U S
K O R M R M C R U I M H L R E H
B C N D V A M X T R C O X N L I
F F I N O D I B S M C P K I B P
O B A G P X N O I D J C C A R S
H D T P R A I L R O A D S D A E
A V R K T T N B Y C E A R R N H
T W A H H L G N F W R C G E N F
K N I V S R V P I V T Q B A A M
G I L A R I V E R N S S H M N T
G O L D N U G G E T G O M M W F
```

Child Labor Solution

```
E U S X D O H N H Q T B O H G N
X N O Z B A Q A C D C E U H A B
Y C E G B T G C R L J M T S R M
P O V E R T Y J E A C G O J M X
R N B W R I N T F A S P C A E E
F S S Y N X R K O L W S A E N D
O T L W K A P Z R U E L M Y T U
R I A A E D V N M N S S E E S C
C T V T B A U F I M E S L K N A
E U E K P Q G P T H N G A D L G E T
D T R V O C S S A I B N A B E I
L I Y I I I R W H G K T T H K O
A O X N W X W G W O T S E F R N
B N A E L O P U M O P W O O H D
O A L M L O R P H A N B L N M F
R L S X L W U M A R H F I Q N G
```

Civil Rights Movement Solution

```
V W W P M S B S J N S E S R D D
L M J W V T T D A W T R E O I R
B E A G H T K L A A E M B S S E
B X Y L O H K L G D M G M A C D
D P S C C X W E I U D Z T P R S
G H J U O R R S P M I E A I C
S O E L R G M M Z Q E L L R M O
B O K C E O O X G E W X Y K I T
J U M S D D I G Y X P I A S N T
K I E E M A R C H E S P M A C
J D E E R I K D O M T L R X T A
D R R N O N V I O L E N C E I S
F F S E G R E G A T I O N R O E
L I T T L E R O C K N I N E N X
E Q U A L R I G H T S C G T V W
X W K V F B J Y A L R X Z D D R
```

Civil War Solution

```
F D G S S P C B P F A B J B G N
O O I S A G R I L N B H Y L E T
K J R V I V L D U S R C U E T T
U W O T I Q O F N U A F L E T Y
W F M X S D D K L R H F Y D I S
U N I O N U E A E C A L S I S V
M P B L S Z M D N P M X S N B S
W H L I I V E T I N L S E G U S
Z N N M L F M F E A I K S K R O
G Y X Q N K A J G R N E S A G U
V S T O N E W A L L C C G N Y T
O S C X W I P T E O O I R S B H
Y M A P X Z D P F R L O A A G Q
R O B E R T E L E E N A N S G W
K Z C Q N K U L U Q Q C T W M W
V Y W Y D K L L G B G X G Z L H
```

Cold War Solution

```
W W U N I T E D N A T I O N S U
E M A C C H Q P X L B G B M O S
K B E R L I N W A L L E R A V S
V F F V S A L T C J O J I D I R
U H K I L A Y B T T C C N U E T
V P R O X Y W A R E K O K C T I
Y O N K Y L R P V Z A M M K U A
T D C H K F H R A X D M A A N C
L C W A R M S R A C E U N N I B
K I M I I S U N G T T N S D O R
I O V E S K I B G H S I H C N V
W Q R N U H R F J R R S I O N M
B X B X W R L R H C D M P V A V
M A R S H A L L P L A N H E I V
A B D N L U G L X H P J N R H R
N A T O W H R Q N G E J P G E P
```

Cotton Gin Solution

```
S S P C N X C Z Q D Y Z O B C C
O W L E L I W H I T N E Y L O K
U X A A S O J S O W K D U G Q Y
T P N F V A T C Z I H T J Y L L
H A T U O E I H C I V I L W A R
L K A Z F L R E I L G N X M Y G
O S T C A U H Y S N Z E I T O B
U U I C C C Q Z L R G O D K Z D
P C O E F I F T Y P O U N D S R
F O N E S M C C A R T H Y B H N
A B S S B G D D T A P F R W Y K
E C O N O M I C B E N E F I T J
J C A T H A R I N E G R E E N E
C O T T O N S E E D O I L E X Y
B H R L H C Q R P V M H M B B T
T E X T I L E I N D U S T R Y C
```

Dust Bowl of the 1930s Solution

```
A L V I L G K N T N M G Z S O S
K N U N A X R R D Y T V T V E P
C S D T W K I A A G N R Y Q T E
P Z K T S D M T Y O I M J N B C
I I R W K O T Z I D D N E H A U
F B H C P Z D S D J I S O K A L
J U A P V Z O E L Q C R T O K A
X L U T E R R A C I N G T V R T
B C G F E R E G F M N W L E U I
V P Z W G M A F X J A A H R P O
K Z D D R O U G H T Y W N S T N
J W A D Q S Z X H X H O W V C B
C M G Y F W U U A T O M L I Y T
K X T L V V G N R G K Y E L A K
S Y E A Z J F M D B I X O L A M
C S J E D Y W K Y H S S F E B B
```

Ellis Island Solution

```
J E W I S H P E O P L E E Q O A
P N E W J E R S E Y B N F E P Q
E Y H U D S O N R I V E R W A R
R W V U E H E X T J A W D N Q N
S U R K T I W A K I G Y M W V F
E C T P A P Q E V N D O D H O A
C T L S I S W Z A O V R O U N M
U V N W N M K Y D R Y K D R X I
T X C T E D T B E E G A O W W N
I A G B D U J Z O F X K G M S E
O R I A O X D G G U J Z L E K Q
N Q R P C I M M I G R A T I O N
X V O Z Y Q U H N E W W O R L D
U R A Z P G G K F E L K C F E B
D R O U G H T Z I S M W O V K D
R K L Z O X I N S P E C T I O N
```

Federalists Solution

```
N M D N T Q O L F S P A J Q R R
J O H N A D A M S O F Q A A E K
E E R N V H Q R R U L J M K P E
Y C C T T H L I R T P G E E U R
T O E A H N H E E H L Y S T B C
J N N R E C I E S C W N M V L Z
A O T I F F A M L A Y V A I I M
Y M R F E B K R F R J M D R C X
T I A F D E S Y O O B J I G A Y
R C L S E L J Q R L F O S I N Q
E G B Y R C F T Y I I H O N P J
A R A S A B F M C N T N N I A L
T O N T L C F E H A J J A A R E
Y W K E I N A T I O N A L I T Y
S T D M S C U S N T A Y D G Y G
G H N X T H A V J T B O R I Z X
```

Galveston Hurricane of the 1900 Solution

```
D T O L V F X G C S M B P R U L
U E M O H M M X W U M T L A L G
W X A F L O R I D A B Q H A W U
V A G D A C D Z F X D A W H I L
C S R I L Y O W X E I A U O L F
T O J M Q I O L N H E N Y M L O
C S N S F C E R L S H X U E I M
D P U C A R E S V A O Q E L S M
K M L X E C O Q T M P G X E M E
L N R J N R D N R E A S M S O X
V F D O M S N E T M C O E S O I
X V C B L T S D A W C T E N R C
I N X F Q Q B D A Q F B S E E O
U T I D E E G P Q U P W I S W L
C A T E G O R Y F O U R I S X N
W E A T H E R B U R E A U C O B
```

Harlem Renaissance Solution

```
G Q Q H X G V N B H Q Y L O Z N
R P D K C O T T O N C L U B A L
E A H E B Y D T X I T S N U T V W
A A A H V S N H J N C I T W J D
T R R R B T Q C E T U A M M P A
M L C E T R O U W S H S E I X O
I E J B R O E Z V N A K B B W H
G M H A I M N A A I V V O Y G B
R S E V U B U M D G T M O V Y Z
A H Y U T O Q S J L C Y K Y K K
T A S S U N D F I H D W K J U Y
I D I H W E W K W C O U R P G Y
O O H J G S P W Q X S Q B O V Q
N W P O P U L A T I O N B O O M
M S L I T E R A T U R E D A I Z
A F R I C A N A M E R I C A N S
```

Haymarket Riot Solution

```
M M K O K K R J G C H D S B G S
G O I S H J E Z D Z E N X N L A
S E Z C D K K F P J O S U X A M
E K O A H X P V C S S T D E B U
T U Q R J A Z U R U I R U N O E
B Z P N G F E A Y E Y I I O R L
A A D E E E P L Z F C K B P P F
C D S E I T E R S Z A E F H O E
K B A B R V E N F C S S H O O E
Z W D E O T O P G D H F K B T L
D Z B N I F M G H E I W H I E D
S L K E S A P K M Q L J A A S E
A U B M A R T Y R S T T Y B T N
U R A U G U S T S P I E S X X Y
A B O M B L O U I S L I N G G C
A D O L P H F I S C H E R E M O
```

History of American Fashion Solution

```
F C O R D U R O Y A S P A P S K
S I R N T W S E X I U O S A Z N
J K T T F Q O T B A N C C R A D I
U Z C T A R M K T Z D K O A D T T
J H O Z E D S A U H R E T C B E E
Z I C Q W D I L R I E T S H E L D
R G O C U Y D R T T S W N U L D
M H C X L U I R L U S A Z T L S
X W H T R W G M E T E T B E B W
O A A I V Q J M N S S C G P O E
P I N S T R I P E S S H A A T A
R S E L Q S J R C F B E Z N T T
S T L W M F Y F K V Y S S T O E
A E G R A P H I C T E E S S M R
J D P L A T F O R M S H O E S S
F L A P P E R D R E S S E S G Y
```

History of the U.S. Flag Solution

```
G Z I M B F Z F O T N C J J Z K
Q T H L F L C X D H H X U U G C
V X A I F E U P R I P U R I T Y
A S R X E B Q E F R E W Y N C P
L U D T Q A E R I T I S P N W E
O I I Q H C N S F E S E I O M H
R H N Z I C E E T E E O R C Y X
W H E T F G I V Y N N X R E Q B
I Z S W A N D E S S H M D N N G
E U S R E X B R T T O T H C B R
J A U J F Q C A A R W O I E H D
S O M K S U X N R I E F D A Q K
C A B W J T S C S P R X J T X D
A E Q W I L K E G E R E D L O F
V I G I L A N C E S Z U R C O K
H S Y T I N D E P E N D E N C E
```

Indian Removal Act Solution

```
A N C E S T R A L L A N D S C I
O N D K P Z T D M R W O L T H O
A R D V D S G D Z I C G N K E J
A H O R S E S H O E B E N D R H
Y N F A E C R E E K M O W O O E
Z D C N I W A V W E G R N Y K H
T W E Y L M J A S M M G O Y E Q
J F A A A F T A Z L F I Y M E C
W R W B J C E B C N T A Q J K H
X M A J O P U Q N K V J N A S I
L L Y H P Y U T C C S H J J B C
A O C A M K C Z U W X O T V F K
T R A I L O F T E A R S N N T A
R E M O V A L T R E A T I E S S
X W G S E M I N O L E W A R J A
C H I E F J O H N R O S S R D W
```

Influential Men in U.S. History Solution

```
W A L T D I S N E Y E R I F M N
W R Q K R Z M Q P G E D B Z A A
A R I C H A R D A L L E N M M A
L V W G K V D S L D W J R S W A
T K L G H I H E N R Y F O R D S
W M D C H T F Z O D A T T K Y E
H R V X Q E B J L V Q K X H V M
I P U Y K S F R T P T R I J A E
T J A C K I E R O B I N S O N R
M J O Y T H O M A S P A I N E S
A R N W W R C Y J L L A W A Z O
N J A M E S B A L D W I N S J N
D R C H A R L E S D R E W S
R O B E R T A B B O T T K A R H
O W M U H A M M A D A L I L G S
M A R K T W A I N F Q L U K A D
```

Influential Women in U.S. History Solution

```
R S M P M Z N O R G D P A R G Q
E Z M M A F O E F P Y P Q D S I
L V O A R M K R J U W C L G X D
A N Y R Y A M W A S P R W Q M V
U Y G G B Y A I S H M K D W J Z
R A P A A A R U H S U A X J S E
A Y L R K A Y F A S B R M O P J
K L M E E N B A G S A Q S A X K
E O F T R G E Q H M Y P T T X Y
L D X M E E T E P Z O Y U N O X
L N P E D L H Y O H R G X B Q N
O W D A D O U G Z A Y W W E U G
G B G D Y U N A M P D U X O K T
G N M A M I E B R A D L E Y L M
D O R O T H E A D I X E D C H L
S H I R L E Y C H I S H O L M A
```

Inventors and Inventions Solution

```
I S A A C S I N G E R B I K S A
T E L E P H O N E B M E C O A L
G K V S Q R D Z N A S I O D M E
K E U W X W F R M T M C H A U X
H U O X T E L E G R A P H K E A
T E U R B N F G O A E X B C L N
G M L K G T I C H Q X L M A F D
F U Y I M E C K J D U Z R M B E
O L V Q A M E P O B S X C E M R
A V W X S S C A T L T H Z R O G
O R E U H L H H S D A O P A R B
U Z R N N I G O I T O T Q V S E
J Y R V E I O H W N M P E I E L
C S M T L Z K M N E Z A Y S S L
Y T H O M A S E D I S O N R L G
S E W I N G M A C H I N E K W A
```

Korean War Solution

```
T K O U D E C B W P A A A R H F
P J I C O M M U N I S T S E A Z
W A V M X P Z G I F A O O U R Y
R V N I I I J I W C I B U N R L
X J Z M S I G G G O G N T F T Z
S M J I U N S N S S O C H F I R
T R V Z O N A K B N A K I N R W
H Q V J W Y J L N Y V T O C U S
A M M Z G O A O D G V J R A M H
Q I G N J T I O M N S E E T A P
K Z O S E S I O S A D E A I N A
K Y A C A C I X J Q G S H O A M
P W U V J D Z E J U K F S N R M
I R N O M F X F F M E Z Z J Z D
T I C U N I T E D N A T I O N S
T B J G N O R T H K O R E A Q R
```

Life in the 1960's Solution

```
R G E N E R A T I O N G A P T P
O C B V H Q W N V K L O V E H E
C B C I A H E S N R R L T Q E A
K T U E G I E S R F C Z M T O C
A Y Q T N Z R U T Z S R F V U E
N H S N C V E V P U F A W X T R
D H I A I U Z M D W R P H A E C
R S Q M B Q R T N D V X X M R B
O Y T W X M N O Y G J O V Q L I
L T O A G I I R E Q S W V H I V
L V B R R L A O F G C A E M M C
T X H L L T Q I U L W G S D I P
B Z Z E I J R R B U I N C Y T C
Q R B L F X D E J G L G F C S S
W E I K L D Q A K S U Q C E F U
R M C O L O R F U L Y E A R S C
```

Life in the 1970's Solution

```
S S A N R O K I S S I P G H M M
C W C G E R B E J K N I W I S Q
E G F G E D I S C O U L N M F M
J W B Y T P L C X H Q R O D D Y
U V Q P P D O I P J I T R R R I
E N V I R O N M E N T A L I S M
A Y H S F C D J C O N S T V Z M
R H P T M F E F B X I E P E S G
T D R A E F R L K S P K O I Q A
H G Y R V E L S I R F T L N A N
D J Y W Y E O R A E E A Q M E J
A L L A B Y C C Q A R D E O A N
Y D G R V L G R P E S B H V B M
K U A S I A L E B K G I E I D A
B B G O H B C I F C P Y S E Z R
S P U S R R L T I E D Y E S J F
```

Lincoln Assassination Solution

```
C A T A F A L Q U E D J Y O B O
C A N W N Z J Y M L G A U T Y T
S E N S T R T Z O I R W Z F B O
X W C B O A P R I V A T E B O X
R D M T R R E J A A U L W O U S
M X C F E H L W I U D S W A N T
H A J P D J Y T T G Q G N V I S
T E R I E D W A R D C U R T I S
W U V Y S P R I N G F I E L D H
F A W A S H I N G T O N D C N E
D J S L G U S G O K P Q E P S Q
F B X U A P R I L F I F T E E N
B L G Z R Q N R Q A Y V C T I G
D A W Y S B M S A F Q W R T Z D
Y U W M F O R D S T H E A T R E
K I D N A P P E R S T E B Y K B
```

Lindbergh Kidnapping Solution

```
K G H E E D H D G N T Q H R E E
T R U C K D R I V E R U H A C L
B M C N K K Q H K W J V L N P A
J A U U L C C N G L O V E S V D
P F B R A X A X V H W T U O B D
G A T Y D L E C W O N R T M O E
N T K R B E E O R E W L S P T R
M R E Y L U R R S S Z U J F R C
P O B R U N O H A U P T M A N N
B A V Q Q M T N E W J E R S E Y
B J S R E A B D U C T E D B W O
I L X N E L U C K Y L I N D Y B
L B N D B A D G R A M M A R L C
C A R P E N T E R R B O P W I J
K H O P E W E L L B O R O U G H
X X J J V Q U C D T F U J X C L
```

Lost Colony of Roanoke Solution

```
F E H P B Q H O D L M N J O V G
F I A I N B L E E O Y E B N P Z
M L T J R K N C N S S W S Z Q Z
X Z T O N O D H G T T W K B Z R
Q M E H D V F H L A E O D R E X
E I R N F L Y A I T R R I B P T
L T A W I Y Q O S S Y L P P T P
E B S H R X H R H E E D B C Z L
A J I I S X C E S A G D N T X V
N Q S T T R E E C A R V I N G
O F L E C R O A T O A N B W R M
R O A N O R D J T D A X C Q J W
D A N A L W F L L M R L Y L N P
A K D X O Q U Z E N N B Q E P N
R L W C N F D A R E S T O N E S
E W F B Y P U R S T X Y K U O F
```

Manhattan Project Solution

```
O K T L I T T L E B O Y V C S I
F P P T Q N H D H V A V F S S M
I U E J W V R I F B Y P T N R P
S R F R B I K I N I A T O L L L
S A T C A N A D A M I P G O Y O
I N H D L T O H B M A B J P H S
L I P E C Z I Y M E U N H O S I
E U M M P V U O W J U F J A K O
M M A I H F Z R N R P H X R X N
A N U C L E A R N A V Y V L J T
T P W W Q E U F K L L P U L R Y
E H Q F L M W D B Z H S H W X P
R Z H C G U N T Y P E X O N J E
I B U P L U T O N I U M O S R E
A N O P P E N H E I M E R L F M
L U N I T E D K I N G D O M Y O
```

Manifest Destiny Solution

```
C A P I T A L I S M J H C G W S
M A M O N R O E D O C T R I N E
P O N P M Z Z K K F P H C I N Y
Z A N A U O P K Z K D T A C H L
C A C R D L R C W Q A T Y P Q E
L G S I O I M N Y A N Z O A P W
N I A X F E A C I U K S M R O I
I I E G P I A N O N O Z A M G S
N A E V D R C M B L G W W C U A
K H Z V C W Y O I O L N U M T N
Q J J O X K V H C I R T E F R D
O X M U C O P L V E T D I W Q C
Y E A O F M W I D W A T E K S L
D N R P P K C Q R N W N K R Q A
O R E G O N T E R R I T O R Y R
T H O M A S J E F F E R S O N K
```

Marilyn Monroe Solution

```
M R S E X S Y M B O L L N S P B
O F O X V E X H D S X F E T I L
N R S B Q D J V H N Q C W R N O
K M P E E N Q I S H B H Y E N D
E F D H V R W C O V S F O E P D
Y T M C A E T C V Q O I R T M E
B U I C O N N K M M O I K S O B
U D W X O I A Y E J H P C C D O
S G X S N A C G E N Q C I E E M
I Z V U Q G U P E A N L T N L B
N D C V L A O G L S R E Y E I S
E V Z I O R G V M A Z I D B N H
S G Z N E A O C Z V Y T T Y G E
S L O S A N G E L E S B O C Z L
F O O N Z V R D E B B L O A H L
O V E R D O S E C L Q X J Y L S
```

McCarthyism Solution

```
J O J R C S O V I E T S P I E S
R E D S C A R E H T H D M W D U
W I Q G S L T N O R E U M A E B
T I F X B P N V L U C K A E F V
Y R T P T M M D L M O B R C A E
D T E C T P S N Y A L T S O M R
W P O A H R F C W N D Z H M A S
M V S H S H K Y O D W G A M T I
Y H W N D O U E O O A S L U I O
N K A J E P N N D C R D L N O N
Y R D V N L A L T T B V P I N P
I F L U A F C F E R U E L S L X
B O I A J E O H N I A M A M W N
A I G F R H I S S N D O N L X M
S O C I A L I S M E F M G A Y V
J O S E P H M C C A R T H Y Z H
```

Mexican War Solution

```
L U B U E N A V I S T A N K R J
P A C I F I C O C E A N C A I M
E N G N P E A N N E X A T I O N
Y E L L O W F E V E R Y S T G U
J A M E S K P O L K O E G B R E
E D N F R J P U K Z P X U N A C
E I C P I M O J D Y Q E P Z N A
R Z I H K H H H T L E L V A D S
X P W U P R A O N P J A B E E R
M P Q G F D E K Z S O O O R U I
Z A C H A R Y T A Y L O R A H V
M Z S Q E J J T M C R I E T Q E
O O Z T E A P Q X D U R D V Q R
A G S A A W M J A E O N C E R H
T E X A S Y A R I H R K Y X L Q
I N V A S I O N T Q P L V N Y L
```

MKUltra Solution

```
H B B E L E C T R O S H O C K S
Y R A E Z C O L D W A R K E K I
P A I T N M D C N A C L I Z B D
N I O N J X Z K I A O B Z P H N
O N L M I N D C O N T R O L U E
S W S L E J B P E J V E B H M Y
I A D Y F X H O B B F A H Z A Q
S S D T J Y P U S S D E O K N O
Q H R U N I V E R S I T I E S T
I I U J E B C B R M I T P E U T
X N G T P H C I X I J U N U B L
A G S V C L H X L F M R P R J I
R P W R O B O C A T S E C M E E
R I C H A R D H E L M S N Z C E
A S R N K P L F E K Q U H T T F
S O V I E T B L O C Q C O I S I
```

Most Influential Presidents Solution

```
A B R A H A M L I N C O L N J T
W O O D R O W W I L S O N R A H
Y K J W P D R K U P H P E T M O
V D W P S Q O Y W K L W A E E M
J O H N A D A M S J O T K D S A
J B M N I I M E B H O M N D M S
R A J G S Z Z X N J U S P Y O J
E M M D E O W E T D N F E R N E
A A A E O R S Y I M V S T O R F
G E X L S I A G U L U F R O O F
A O J C E K J L X P A Y U S E E
N Z A Q I T P Q D T W Q M E U R
F V H Z A A N O E F D R A V W S
X G V A X N X E L J O A N E N O
Q T P P G B N H A K S R F L V N
O C G L N L T N V X M A D T I D
```

Native Americans Solution

```
H K S W S J V S X M E F F E E N
W M V H I M I C A A G Q N O D J
A D O T O O I T G D U N H Q E A
S U E R U S F J N L E L I B T L
S A M Q X V H O X Y U E B E R A
I X O Y N S J O E G N G E G A S
M R D D L A T H N Y B K K G I K
I F I B V I C R L E O U R T L A
L F D A U R E S E R V A T I O N
A H N P A I U T E A D C Y L F N
T Y B A C W I H D L T N R L T A
I Z F C J A C M H Q T I G N E T
O V L H T G F F H P L F E C A I
N D F E S M X Z N Y C W N S R V
N A T I V E H A W A I I A N S E
A N C E S T R A L L A N D S R S
```

New Deal Solution

```
R E N Q S C Q V H H P D E P L C
H C I L M A C P I Z B B A L K O
Y O E G A K N C Y F K L A M M N
D N C B L D A Y Q I A G A Y S S
R O H P C G V A O R A B V F U T
O M A P R O V I D E J O B S N R
E I U Y P F A F T S N G Q I J U
L C D X X P V S I C B N X O C C
E G H L W C S Z A D H Y D T N T
C R V B S S A F J E Y W O G I I
T O L I A E D V Y C N R A S Z O
R W X L A K C U Z H E I D G E N
I T G P T G T V U A W K L G L Y
C H E A I P R T K T B J X K Y P
A D I B B V W G R S H V Z R N I
P R O S P E R I T Y Z N C L O U
```

Oregon Trail Solution

```
N S I W A G O N T R A I L S H M
E F E R J R G J A K E U A Q Z H
B A M T Q P L L U P Q L E C Y T
R R I X T R A N C H E R S E W J
A M S H T L V H I D A H O S G X
S E S Z D R E T O G V R W Z L K N
K R O G G P A R V R E G N C W S
A S U Q B M G P S S S O N M W N
V M R F Y S J Q P L G E S E Z T
Q Z I T P K M I N E R S B S N H
F U R T R A D E R S R I S A C F
Y A I P W N N O W A S S J A C M
Q Y V I I S W Y O M I N G N F K
F S E O X A X Y A B T R A A E N
V S R H H S X C N D P S L P T E
E M I G R A N T T R A I L J V H
```

Patriotic Symbols Solution

```
K I B E S X X G T I P G M A B D
D R G Y Q E I G R E A T S E A L
Y R Y N W T Y E X L L B A Y L J
U N C L E S A M F N E W Q S D E
O A K T R E E N G Y X U W B E H
S N E E P A A F M R C R W E A Z
B V W U S C A P I T A L N M G C
U P N K I H Y Z B Z U E Q U L L
G R T R O S E G M Z S W W G E B
E T E H O L L Y W O O D S I G N
S M O K E Y T H E B E A R J O F
A E D M O U N T R U S H M O R E
L I B E R T Y B E L L A G E J Z
N C A P A U L B U N Y A N U W Q
A D N X Y A C S T K C P B N J X
S L F O K U W V T X G U X D R Y
```

Pearl Harbor Solution

```
T P T Q U M T G W M C U A F M H
H A W N S V L J I U I E Z C N O
E C E C N U T I J Q K Q C M O N
O I N I A P A I R P L A N E S O
K F T N V W K W G N E F D R U L
L I Y Q A C A S U A L T I E S U
A C S H L V J X A O A W S B S L
H F H P B O A Y T P P O Z W A U
O L I F A Z P L N S A H X F R C
M E P M S S A N V R E O X K I O
A E S C E G N E N E B U B Z Z C
B T T O R P E D O E S R R T O C
M W M X P L S K L J N S N H N K
V B A T T L E S H I P S E O A V
M B X S D J Q I K L V D A L K R
J D D P F Q C T N Z F O T S X
```

Prohibition Solution

```
O N E S S E V H Y E Y T D D A W
A N N P X S Y N R E Y K H E R H
G K T E B M U B M R O A H T M I
J X L A K E S U P E R I O R M S
A Z G K R I V E R R A T S O P K
C X C E C I V E A U M A F I A E
Y P K A M O O N S H I N E T B Y
A C X S B Y K I G M J W H L O S
L A G Y L J A A S R F S U E O I
A L C A P O N E T L D H F H T X
W I N D S O R U H N A B E A L E
S M U G G L I N G E O N H Z E S
R E D U C E C R I M E B D U G N
L A K E S T C L A I R X T V G L
R U M R U N N I N G Q C P T E R
S O C I A L P R O B L E M S R U
```

Pullman Strike Solution

```
B A B U S I V E E M P L O Y E R
R O P S W I T C H M E N S R M I
A J Y F B R V F A D K G P F B L
I E O C S Q N D N W V H A F Y H
L L A B O R D A Y G L K L J P E
R Q O A I T L S R T A B P P G B
O W C Z P S T J C U T W A G E S
A Z D T I E U G E N E V D E B S
D E O E S T A R V A T I O N P N
C F U L R C L E V E L A N D V T
N L Z E O I N J U N C T I O N I
B Z V G F Q I W V P N J Y U C U
F R U R D C F L H W B L E A P D
M U M A Y F B M E Q U A K Z G K
B Z B M K L U H K D L R R I S S
Y J A S P H S C T W Z O B I O W
```

Sacco Vanzetti Case Solution

```
A N A R C H I S T S O B R G E X
R O B B E R Y Z G T V A Y P L V
S E C U R I T Y G U A R D C E O
V N F C O N F E S S I O N S C J
M N D Q H G J J P Z G L L D T W
R I T G V J D Z Q A H O T J R M
Z T S X Y U W H Y G S M M Y I X
F U F T H R Y S H R B E Y C C W
T M K G R S N W H U H O P P C M
Q U N F A I R T R I A L A F H K
E F R E D P A M E N T E R F A Q
Y G J Q P X R L Z B O B D V I X
D I S C R I M I N A T I O N R U
N I C O L A S A C C O U N B A J
W R F L I M S Y E V I D E N C E
E Y E W I T N E S S E S N E Q P
```

Salem Witch Trials Solution

```
S A M U E L S E W A L L E N B A
V J N U P J K U Y S I L M C R B
D G H H T L V C B U B W A R I I
R G A L L O W S H I L L S Z D G
Q Y N S D C R U C D G G S L G A
J W G E U L L U E G G B A J E I
V A I M V N R H V I I R C R T L
M N N V X C C D R D U S H E B W
Z S G V E T E G E T V Y U S I I
K S S H I R M R A V Q V S E S L
B O T W W A U N G J I C E N H L
Z Z E O I J R V Z O L L T T O I
A B Q L N E F D D C T J T M P A
R P L V P I W C Q X M Y S E Q M
M I V U C O N F E S S I O N S S
W J S S A Z X G Y S L G M T N L
```

September 11, 2001 Solution

```
M Y D Q N A M T M O Q P F O B C
T Z B I N L A D E N D E T N C R
Z P O I P Q I E A K S N F E A E
P D E K B A O V U R R T O W L R
R C I W T E Z T E H Z A U Y I O
Z V N W V D C W S T W G R O F P
E N G D D A O U E D V O P R O I
Y Q C H E T B J D O R N L K R T
J L C W N E H A R F Q U A C N Q
J D O I G C T N G O K Q N I I N
O I W R E F Q R P P K L E T A E
C T O M Q U T X N L Y O S Y I S
P E S H A N K S V I L L E M O F
G T E R R O R I S T A T T A C K
F I R S T R E S P O N D E R S K
S U I C I D E A T T A C K V X Z
```

Slavery Solution

```
F M Z M U F I T P S V B N K S C
V D C U O T J O B J D O E T X O
J F H I H O Z B Q J T P S L L T
F Y O I J L U A E T U I D V U T
E H L U R S R C O N N S T I H O
M C I B R C N C W O N D A A T N
A F R U K M R O I O L I W W G G
N J Y G E J I T I R A N C P Z I
C X Q W H C I L O P H D D I W N
I W F V O L L W L U E I A Y D Z
P X T U O E W V L I E G V B D S
A H Z B B E N N Z K O O E M C C
T N A E N G J A Z A N N K M A I
I C R D E N M A R K V E S E Y Z
O P C K I D N A P P E D E V A V
N A T T U R N E R X U F A Q P X
```

Spanish American War Solution

```
R R P G L F Q M E G B I E N A H
E O H Y R F A D L C D U F B P A
B U I N S U R G E N T S U T N V
E G L V G P C Q H O I C M C U A
L H I S Q B X Q Q W Z U B D U N
L R P I N D E P E N D E N C E A
I I P H A M P U E R T O R I C O
O D I P M A N I L A B A Y H U A
N E N O I X F C T P Q N O Y U R
T R E A T Y O F P A R I S N S M
Z S S R K D Z O B N L M Y G S I
U S J P B H C D S G N Y T X M S
N N I I A A D I A H B M J E A T
B X N T J I B K R K K J O I I I
K K G G M S N R F L B T F L N C
T E D D Y R O O S E V E L T E E
```

The Automobile Solution

```
W H T Z F A G A C W K S M S L A
O E G V R S V C N Q E H E Q V V
R N I I A B S H H C V I C F A S
K R V V N H D A I H T G W T R W
W Y U Q C R S R M I M H Q O B I
E F L C E Y P L N T K V T B I L
E O X W E W Y E G B K O Y I G L
K R Y E O Z M S R K M L R M T I
C D Q L T A C D G L N U V O H A
C H S A N Z C U A E J M W D R M
R Q R A Q J C R S E R E D E E D
Y R B Y I X E Y F L V M M L E U
R R M S S N V E B Y V I A T W R
U F O Y E L E A W F W X F N S A
H R P G C H E J F R A N K M Y N
H S Z K F H K R H F I M J N U T
```

The Clinton Years Solution

```
D M B D Z M C T J O J G Y P L E
X E G G H J C J G G N F K P V I
Y C A R Y A M W Z I Z O S A M M
P P P T Y F H Q D I A M E A O P
A N A D H B U A K I T L Q U N E
W C A U U P R O J I L C M E I A
X R Q V L T E D E A X R K Z C C
B A S U A A A N C I Q B Z S A H
A F T N I D J I A F X O D T L M
R J I E H T D O W L C C F E E E
A H R G J E T H N N T A S D W N
C T A M M W O E I E N Y D C I T
U B Q R Z D O U D D S T I P N D
S T A R R E P O R T E Y B S F
M O G A D I S H U M A B O H K U
Z J A D I W Y O J E W T M J Y Z
```

The Gilded Age Solution

```
U O L G G M O N O P O L I E S H
R C H I C A G O T Y S Y I N U E
B N O F M L U G F R C G O B M N
A P H Y Q C O E E P E O B Z W R
N N E W Y O R K P N C E M E I Y
I T N C W X A U R Y S F V N U F
Z H R C N R C A T I T O V P V H
A D R O K J C D W U R Y A Z H I
T M M C S W A A E P U P T U P C
I U U W E O X Z M T G L X J S K
O M Y R R I M M I G R A N T S J
N K D L A B O R U N I O N S H O
Y N I E N T R E P R E N E U R S
A A R O B B E R B A R O N S X N
R R A I L R O A D S T R I K E S
B O S T O N W M U A F P U C D E
```

The Great Chicago Fire Solution

```
M Y D O O Q Y O O R N E O Q S O
L A W L E S S N E S S I C T K L
A O R E D E H H B U D A T M Y E
N C W T E V T X Q H R N O J S A
F T I J I A E K Y J O Q B O C R
L O N H E A Y O T I R I E S R Y
Y B D W H H L X L D R N B E P P
V E Y U U Y R L B K V B E P B X
H R C V Y H I E A L J B I H E N
D T I V N M S Z D W O G G M R J
M E T E O R I E O X O O H E S Z
N N Y W P E Y N K P A R T D P B
M T T X Q M V J R D X N H I W I
E H V H S O L P N M A N G L N B
F O U R M I L E S L O N G L K G
R E C O N S T R U C T I O N R R
```

The Great Depression Solution

```
D N E W Y O R K C I T Y E W B F
T R H O M E L E S S N E S S D O
F O O T J B W A L L S T R E E T
A A A U E C H J O R N E W I U Z
V Z C E G Y P F W E Q T C L O Q
P B O C T H D K W P V Y L X H I
M A A A Z S T K A T H P D K V T
W N V K G C R S G S T B Z C D L
E K J K A A Q H E Q H S E P A T
J H A V I Z L S S Y K N T E S
F O R E C L O S U R E S D I F P
D L O K B X W N B J H W O M C E
R I M E Q U N S R W E L C O K F
U D W Q P I I B B N S I D S X W
Z A M B A N K I N G P A N I C S
B Y F I R E S I D E C H A T S L
```

The Roaring 20s Solution

```
U N Y F V Q G M G R T R C W N P
E H R T K N L I Z E A J M O L J
F D N O I X S N B B B H D I C I C
Z F N C P R O H I B I T I O N C
V L N W Z E B B H M A L G O Q U
K A Q D M T L L J R T F U K I O
D P T I M E M A G A Z I N E D A
O P O R G A N I Z E D C R I M E
L E I M W O M E N V O T E R S U
W R I N M M J A Z Z M U S I C H
I D V B I S P E A K E A S I E S
C R B I S T O C K M A R K E T S
Q K T A U T O M O B I L E S D Q
O N T H E G R E A T G A T S B Y
A U R B A N L I V I N G R N E J
B O O T L E G G E R S Q C P V N
```

The Space Race Solution

```
V L Z T J Q M R A S S G M V T N
O L P I C Z E R L P E A P I T S
S B U L B R X R A U T L B D A M
T F Y N O M O O N T C R P K M A
O D W L A T G Z S N O R P T T B
K Y P A C R F M H I Z R J W J N
S X M S O Z S T E K H D M O I S
E H Q T S F M P P O F D L W T S
A L B R M T L D A Y S L N E X N
N O P O O G G X R C O T I O E D
L D N N N I I N D P E V C N O J
A I C A A Y J L A I O C T G I A
A T F U U Z V T A S Z G R R L P
S P O T T H O K D A A L E A D X
N E I L A R M S T R O N G F F L
B U Z Z A L D R I N P G U X D T
```

The Thirties Solution

```
Q Y B A T U B E R C U L O S I S
T H E D U S T B O W L O R W J G
L X I W I K Q J S N G W J I I R
M K I T C H E N G A R D E N S E
B L A C K S U N D A Y X N G K A
L V V G O Z Y A N D W I B M D T
M I N I G O L F Z S M E O U Q D
Q D G R K N F X Q R F I A S K E
E A N Q D W O N M A L A R I A P
F I J Y H P T Y P H O I D C X R
N M K J L H E X D W G J G D T E
K H B L A C K B L I Z Z A R D S
S T A R V A T I O N B X M H T S
R M C W O M E N W O R K E R S I
S D U S T S T O R M S Z S W U O
P O O R A G R I C U L T U R E N
```

Transcontinental Railroad Solution

```
O A A N E P P C U Q K F S T U V
V S L X C W N E N N T E C H N R
E A A C G K Q N I T H O O O I V
R W M E H M V T O C E A A M F T
L H E O F I Q R N Y B T S A I H
A I D F T I A A P Q I M T S E E
N T A S Y B L L A P G F T T D O
D N T E U A K P C W F P O U T D
R E E L V G J A I A O H C R H O
O Y R A C W J C F W U D O A E R
U T M P V A M I I H R D A N U E
T D I H U J B F C Q Y Y S T S J
E U N N F Z C I R L D Y T T C U
G P A C I F I C R A I L R O A D
Y L L D W Y E N S D C B D Y A A
P R O M O N T O R Y U T A H R H
```

Tuskegee Airmen Solution

```
C O R K S C R E W W S A P R F D
Z G W C X T J D G W G F A A R E
N I R K G A D R A V Y R R N E P
J F X M S Z U L Z L S I T D D L
N A Y X E M W M M F M C E O E O
K Z N X G O O H D H C A L L R Y
P H N H R T U J O Q K N L P I O
M N M C E O U J J D I A E H C V
C U M X G N K T F P S M R F K E
K I F Y A F B Q D L S E I I K R
J D X J T I C B I P A R A E I S
X S H R I E R A J Y C I K L M E
M K Z S O L T W A V K C K D B A
D Q W J N D C A W I J A T S L S
W A L T E R W H I T E N K M E O
D K S R W O R L D W A R T W O T
```

U.S. Constitution Solution

```
S X C C I L J I P Z Q N T R P V
U H Y N N E F R X K Q S I D H I
P S H D F G B N E W R V L N I R
R Z A M X I I M H N A Q I S L G
E X M T J S L E E V T J C E A I
M D E V U L L E I A I A O V D N
E E N U D A O Z X Q F C E E E I
C K D M I T F M R E I X F N L A
O U M Z C I R A P T C K K A P P
U U E I I V I U P Y A U N R H L
R L N U A E G D K J T N T T I A
T V T L L Y H U S Y I W E I A N
J F S W L C T H Y B O K B C V O
B Y P F G J S E A C N R J L H E
P R E S I D E N T C C D C E U V
G R E A T C O M P R O M I S E E
```

Underground Railroad Solution

```
B N V M K P Z I C R C C N Z C D
H Z G J P Y A S B T S A Z D I F
B C I X H Y S P G D G S N V B S
D A W N I N S T I T U T E A R I
C V O O L Y J V V N V U H E D R
O R U R A G A O K I X Q K U E A
N R J T D D E L H B R A N P G D
D K G H E U H R Z N U G P J N E
U E O C L G M W R Q P O I A B H
C N I A P L I Q F I H A L N E C
T T G R H E J B N T T Y R G I S
O U K O I H E A C G R S V K E A
R C F L A O U A N A O O M P E I
S K H I N U A U M T C M I D R
M Y F N I S U I X F G A H Z T W
K F G A I B W C W N D R P N X H
```

Vietnam War Solution

```
D E A N R U S K M N U D I A C W
O W A R P R O T E S T S R H V K
M V I E T C O N G Z C X A N P K K
I P O T Z E V I E T M I N H S D
N Z N O K M T B T A M L E A J S
O Y H T C Z K E K N I E M N R Q W
T L B Z Y J A C H W T M A G S W
H J U B Z V M C W G S L I U T P
E A I Z N T O N K I N G U L F K
O Z X T R H P I A U M U A M F Z
R D I E N B I E N P H U L J H N
Y H B M I D D L E A M E R I C A
N O V G E N E V A A C C O R D S
R G U L F O F T O N K I N Q C M
S O U T H V I E T N A M S U K E
F R E E F I R E Z O N E S Z S E
```

Watergate Solution

```
R R L K L G T U O Z H I P M F I
R I E X H C A I R Z U T E Z K B
Q E C E V O P I C Y S Q N G G U
P U K H L V E M D Q H P T F W R
V W I H A E S N N W M L A G I G
P T J F M R C A C T O U G E B A
C R E E P U D T T I N M O B E A
G A O D D P V N I X E B N T T A
B N W L X F U Q I O Y E P D A S
W S C A N D A L C X N R A K P R
W C D H P S T T E F O S P E P W
K R R D C J Q R S M J N E U I L
Z I V B O B W O O D W A R D N R
D P L V W F Q Z B L Y Z S Z G K
K T L A R R Y O B R I E N C T N
W S I M P E A C H M E N T A B F
```

Women in Colonial America Solution

```
M A R Y R O W L A N D S O N I Z
M A R Y C H I L T O N X D Y T Y
A P R D U E P R O C E S S Z N P
R L Z T P M B U B O N H E J R S
Y B H P H O H G S O V G X D P K
D R Q U R A O M M P N I I U X O
Y G N R S X B C T I R A D P G L
E W F I Q B I A R G S E W I N G
R Z T T O W A A L Z B K E J A B
V P B A J X E N E L Z B S U M C
G C M N U B L F D U A J V D I J
O G B O D E D T S R T R Q F N O
X N S L F P Q L M Q Y H D T M H
R A I S I N G C H I L D R E N Z
Z H A N N E B R A D S T R E E T
C H O U S E K E E P I N G P Q G
```

Women in the Civil War Solution

```
L A U N D R Y M J L E F E P J I
O I S A B O T E U R S C A M P S
S C K M M A Z R R F N A S F D O
C H A Y L X R Z Y E U P F E I L
L H R S S P K Z D Y R A I M S D
A U K S A N P N S O S B E A G I
R G C E R P E N S T E L L U E
A J Q R A P X A M D S E D E I R
B W E B E L L E B O Y D O A S S
A I N D D T T I Y K K H F C E Q
R A N N M Z I N N P G D B T D B
T I N E O B W A I Y E X A I A Q
O H K R N G L N M U Q X T V S Z
N F R H D E Z O P O Z T T I M G
V B Q W S K Q S D M T E L S E U
D O R O T H E A D I X T E M N E
```

Women's Rights Solution

```
A F B I R T H C O N T R O L X N
G X R I G H T T O V O T E E T D
I C N A U J H B E R S M V H K I
R P W X N C L E E T I A Y X N S
Q V Z S H C P K H S E I F K P C
E S S U B G E G B L Z S E Z R R
K P D F C V I S Y C C S L J F I
A E W F N R H T P T O H T Z F M
G O Z R L S I F J E J X D I G I
N J E A N N E T T E R A N K I N
S N U G R Y L K D O M K O P G A
M Q Z E F Y R O O C Z H I K L T
E K T O N E I N F O U R A N L I
D A M I L I T A R Y B A N P S O
M A R G A R E T S A N G E R L N
X C A R R I E C A T T L T E O C
```

Women's Suffrage Solution

```
X D H A C M I G F J O W A Q S S
L U C R E T I A M O T T S T T E
R I G H T T O V O T E S T A N
R J X P O T R I L R N E A N L E
G P K B S F F J I E T C L W I C
N D L H I N Q M M O E R S N C A
Q V H U E O I I R I Y O S Q E F
U T A H N V T P R W Y F M D P A
I M S E U N W R U E G O K E A L
T E M P E R A N C E H S Y Z U L
U T Z S O C T Y A A Q A J W L S
E W Q Q L K H E D I J G V L B L
R A T I F Y N I N E T E E N A A
I Y T S T A T E B Y S T A T E W
S U S A N B A N T H O N Y T Q S
C W O R L D W A R O N E X K L O
```

World War I Solution

```
R C W Z N E Y Z A P W U P K V I
Z W E F L N N E L U T K R J I D
L B W N A H R O L G K D K A C O
E L F M T L Y E I H G T I D T S
O D R N J R G E E E W L V E O S
Z E A M O U A V S B D C H M R U
G F N T G S J L A A F O W O Y S
R H C B T S P I P L D X A C G S
L I E X X N I X O L K B R A E
V O R O A A B I K I W C Z A R X
B N Z S T J O R S Y D E L C D P
G A S I B R I T A I N B R Y E L
L K S Z I M M E R M A N D S N E
F U T K T W T E L E G R A M S D
L A U S T R I A H U N G A R Y G
W O O D R O W W I L S O N H L E
```

World War II Solution

```
H K B L I T Z K R I E G H A H N
T K E G H P I K U T N C P U I U
L R Y A P E A R L H A R B O R C
U R B L C R N Q K E T X A Y O L
F O Z L N S Y N B H O C T N O H
T V A I Z J E A H O M N T O H I
W U D E O J H G U L I A L I R
A N T D N A R A D O C Z E V M W
F R A P M W U S U C B I O Q A E
F W L O P H U A W A O G F K I A
E Q S W O U H K T U M E M J N P
H N Y E H P O I K S B R I U L O
V O C R L C Y G F T S M D T I N
A X I S P O W E R S V A W Z N S
I W O J I M A J R Y M N A S V E
A D O L F H I T L E R Y T K K
```

Yellow Journalism Solution

```
J O U R N A L S R I V A L R Y I
F I O J B O W E M T E G D K L L
S B Y O A E I N A A L P G E P L
P X P S N X L S S B I Y B F V U
S M K E N A L A S L Z A G L B S
T Q K P E G I T C O A S U P G T
Q A H H R G A I I D B H N H E R
F K O P H E M O R D E Y Y S O A
G U Y U E R H N C N T D E A R T
C W T L A A E A U K H W C J G I
Q C E I D T A L L G G W O Y E O
K Z L T L I R I A G I V M R B N
R O H Z I O S S T H L J I I L S
N M H F N N T M I W M 7 C F U D
P B T R E I W S O N E V S B K E
G R E J S B N Q N O R Z H A S Z
```

Zoot Suit Riots Solution

```
N I U X U J A N S Q L E B S T L
G S C I K V I C Q G V S A W L A
F Y N V X Z B A N R R E G I D T
O U U X A V S E E O C R G N R I
G F D F X B U S L P R V Y G A N
B R R Q U L E I I R I I T D A F
Y Z A L B R A M E B M C R A T S
H W C C L S P Z G O E E O N D C
O E W A E R V G X X W M U C O C
F R V T C T E V R K A E S I D O
H A I B M G E B P S V N E N G H
N H T Y O H R N G X E R R G E U
W E E K L O N G S G L E S Z R U
F I T V M I N O R I T I E S S T
K J R A C I A L V I O L E N C E
U N P A T R I O T I C N Z F P M
```

Made in the USA
Las Vegas, NV
30 November 2021